Rosen für die Sklavin

Poesie der Lust und Liebe

Ganz besonders danke ich folgenden Sklavinnen für ihre Inspiration zu meinen Texten und Gedichten:

Olga Alexandra Xurina
Mercedes Moyet
Tatjana Claven
Lulu Edenbaum
Aishe Artful
Lia Darkphönixfire-Igaly
Lena Nettle

Sie haben mir alle mit ihrer Zuneigung und lustvollen Hingabe die Saat zu den Rosen ins Herz gelegt, die ich auf den folgenden Seiten nun in voller Blüte meinen Sklavinnen widme und ihnen zu Füßen lege, so wie sie selber in ihrer leidenschaftlichen Demut und Unterwerfung zu meinen Füßen lagen und den flüsternden Rosen lauschten, die ihnen ihre Herrin wollüstig erregt vortrug.

Rosen für die Sklavin

Poesie der Lust und Liebe

von Loup Igaly

Bibliografische Information der Deutschen Nationalbibliothek:
Die Deutsche Nationalbibliothek verzeichnet diese Publikation
in der Deutschen Nationalbibliografie; detaillierte bibliografische
Daten sind im Internat über
< http://dnb-nb.de > abrufbar

Alle Rechte vorbehalten.
Herstellung und Verlag:
BoD- Books on Demand, Norderstedt
ISBN: 978-3-7494-3729-0

Inhaltsverzeichnis

Meine Poesie

Guten Tag,
meine geliebte Sita,
wie herrlich, an dich zu denken
und mit klopfendem Herzen
plötzlich sie süße Hitze
bebender Gefühle zu spüren.

Dein Antlitz zittert vor mir
und berührt mich mit Zauberhänden
aus der erhitzen Lustsphäre meiner Aura
und ich keuche innerlich deinen Lippen zu
und spüre das Feuer unserer Küsse,
die Flamme unserer Blüten,
die explosive Leidenschaft unserer Berührungen.

Oh, Sita, du lässt mich wahrlich erbeben
und in irre Tiefen pulsierender Wollüste sinken,
du dringst in meine Träume und Gedanken
und flüsterst mir Melodien zu,
die meinen Körper in die Extase
tausender Sternenwelten der Liebe erheben...

Poesie aus tiefsten Herzen
blüht in mir für dich, Sita,
romantisch wie das Licht der Kerzen
ist meine Liebe für dich da.

Wie der Tau auf roten Rosen
perlt die Lust auf meiner Haut,
dich wollüstig zu liebkosen,
stöhnt es in mir klar und laut.

Will dich mit meiner Glut umschwärmen,
voll Leidenschaft und streichelzart,
ich lass' mein Herz glühend erwärmen,
bring' meine Lust flammend in Fahrt.

So spür' ich begehrlich meine Blüte
für dich sich öffnen zum Empfang,
voll Inbrunst ich mich dir darbiete,
und lausche lüstern deinem Klang.

Und plötzlich sind wir wild umschlungen,
unser Körper stöhnend keucht,
wir sind in uns're Lust gedrungen,
und spüren sie so heiß und feucht.

Wir geben uns so voll Entzücken,
du bist wie Feuer mir im Blut,
in seh' in diesen Augenblicken
die irre Tiefe uns'rer Glut.

Und meine Seele singt dann Lieder,
voller Sehnsucht heiß und wild,
und zart betörend wie der Flieder
dein Duft die Sinne brünstig füllt.

Poesie strömt dir entgegen,
meine Sehnsucht singt für dich,
meines Glückes sanfter Segen,
bist du, Sita, komm liebe mich!

Tigergedicht

Guten Morgen und einen schönen Sonntag, meine geliebte Sita. Deine Herrin erwachte heute und spürte sofort, wie nah, wie unendlich nahe sie dir gewesen ist, in dieser Welt des Paradieses, das unsichtbar für menschliche Wahrnehmung die Fülle des Universums bietet und uns in seinen lieblichen Schoß hineinzog. Aaah, mein Engel, ich griff in dein schwarzes Haar, vollkommen erhitzt noch von unseren vielen Abenden, küsste dich lieblich und senkte dann dein süßes Köpfchen in meine Schoß, bis deine Lippen meine Blüte berührten und deine Zunge den Saft forderte. Und zärtlich sagte deine Herrin zu dir:

Trinke, Sita, aus meinen Quellen,
entfach' in dir die süße Glut,
stürze dich in meine Liebe,
tauche tief in meine Flut.

Und wahrlich, mein Engel, dein Durst schien unauslöschlich, deine Lippen schmatzten und dein Körper zuckte. Ergriffen zog ich dich hoch und drückte dich gegen meine Brust, gegen meine heiß erregten Nippel und flüsterte liebkosend in deine zarten Öhrchen:

Peitschen Wellen deinen Körper,
wenn zitternd du an meiner Brust,
dann liebe mich mit heißer Liebe,
begehre mich mit nackter Lust.

Und weiter küssten wir uns und berauschten uns an der Süße unserer Liebe, die wollüstig und wonnevoll ihr Lied sang:

Berausche dich an meinen Küssen,
entfache deine Leidenschaft,
und immer wieder spür' das Wissen:
in der Liebe glüht die Kraft.

Ja, Sita, die Leidenschaft steigerte sich immer heftiger, raubtierhaft und stürmisch, wurde heulend vor Lust und tausend Sturmstimmen flüsterten:

Katze sei und sei auch Tiger,
Sturm sei mir in jeder Nacht,
Hab' mich lieb und immer lieber,
liebe mich mit Sturmesmacht.

Und dann brach die Glut unserer Liebe, die Flamme unserer Wollust aus und umklammerte, umschmeichelte, umstöhnte uns, wir versanken in einem Feuermeer irrsinniger Leidenschaft und liebten uns bis in die tiefsten Abgründe unserer Seelen:

Beb' im Grunde deiner Seele,
Flamme zücke in dir toll,
und in der Augen feurig' Funkeln
versinken wir dann wundervoll.

Wir kannten keine Grenzen mehr, verschmolzen miteinander wie Donner und Blitz, wie Wolken und Firmament und versanken in ein Liebesgewitter absoluter

Hingabe, wilder irrer Lust füreinander und um uns herum raunten die Sphären der Wollust:

Fasse mich mit Schauer, Donner,
wild sei deiner Liebe Sitz,
treib es schlimm und immer schlimmer,
sei mein Engel, sei mein Blitz.

Und dann brannte unser Blut, glühte unserer Haut, vulkanisierten unsere Lustkelche und erhoben sich zu korallenroten Höhepunkten, verschmolzen in einem blühenden Kuss zu vollkommener Einheit und gierig-glühend todesergeben liebkosten meine Lippen in deine Blüte:

Peitsche dich mit meinen Küssen,
siehe rot, - korallenrot,
unser Blut wird brennen müssen,
feurig-glühend wie der Tod.

Und dann sanken wir erlöst und vereint dahin, mit einem Lächeln süßester Zärtlichkeit, mit einem Streicheln innerster Hingabe, dein Mund flüsterte die ergebenen Worte deiner Seele, „Herrin, ich gehöre euch" und der Atem des Paradieses blies mit sanften Stöhnen und wohltuender Entspannung seinen herrlichen Segen dazu:

Schaurig-glühend blühe glücklich,
erhebe dich zu vollem Glanz,
zärtlich, wild, und wieder zärtlich,
Sita,- komm! - gehör' mir ganz!

Feuchtgebiet

Ich liebe dich,
und spür' beglückt mein pochend Herz,
sei da für mich,
du bist mir Glück und süßer Schmerz.

In meinem Schoß
glühst wie Feuer du in meinem Blut.
Was mach' ich bloß?
Ich stürz' so tief in deine Liebesflut.

Sie trägt mich fort,
in ein Land voll wilder Orchideen,
zu einem Ort,
in dem die Quellen deiner Liebe stehn.

Du rufst und singst,-
ich folge dir berauscht ins Feuchtgebiet,
und du durchdringst
mit Wollust auch in mein Blütenlied.

Ich stöhne auf,
und tauche in den See der wilden Lust,
der Liebe Lauf
entflammt mit Leidenschaft in meiner Brust.

Du bist mein,
ich liebe dich so tief und voller Ewigkeit,
und ich bin dein,
und bin als Braut für dich willig bereit.

Mein Schoß entflammt,
schleudert Liebessäfte dir in Hand und Mund,
und alles stammt
aus der Venus' webend Netz für unsren Bund.

Ich liebe dich,
und spür' beglückt mein pochend Herz,
sei da für mich,
du bist mir Glück und süßer Schmerz.

Hingabe der Sklavin

Gute Morgen, meine wunderbare Sita,
die Nacht war lang
und im Sternenklang meiner Sehnsucht
suchte ich am Firmament
nach deinem Lächeln,
suchte in der kühlenden Luft der Nacht
nach der Sanftheit deiner Berührung,
stöhnte mit einem tiefen,
glückseligen Seufzer
in das innige Gefühl,
dich mir so nahe zu empfinden,
dass ich in der Dunkelheit zitterte und bebte.

Oh ja, ich lauschte dem Wispern
deiner Stimme aus dem Rauschen des Äthers,
ich spürte die streichelnde Nähe
deiner sanften Berührung so intensiv,
dass ich meinen Körper
voller Glut empfand
und mich keuchend
deiner Lust hingab,
bis sie mich in deine Leidenschaft stürzte
und lüstern aus ihrer Quelle ausbrach
und dich mit ihrer Flut liebkoste
und segnete.
Und ringsum die Wellen
der Liebe raunten mir ihr Lied
deiner Hingabe:

Ich knie, Herrin, bin ergeben,
dir gehört mein Sein, mein Leben,
du kettest mich an meinen Händen,
fesselst mich an düst'ren Wänden,
erniedrigst mich zu einem Ding,
legst um den Hals mir deinen Ring.

Ich geb' mich dir, wird' niemals wanken,
will dir für alles nur innigst danken,
und mag mein Körper noch so leiden,
der Schmerz wird meine Seele weiden,
ich spüre, wie sich mein Herz erfüllt,
wenn Herrin mir die Sehnsucht stillt.

Ich lasse mich vollkommen fallen,
spür' stöhnend deine Tigerkrallen,
bade mich in deinem Willen,
lass mich von deiner Glut erfüllen,
ich tue alles, was du verlangst,
du nimmst vor alles mit die Angst.

Ich spür', ich kann dir voll vertrauen,
darf tief in deine Augen schauen,
und spüren, nur dir will ich gehören,
nur du kannst mir die Lust gewähren,
dass ich im Schmerz so glücklich bin,
Herrin, du mein Leben, du mein Sinn.

Rose der Liebe

Guten Morgen, meine geliebte, wundervolle, so innig begehrte Sita. Spürst du auch, wie die Atmosphäre zittert und ihr sanftes Beben verkündet, wie tief und glühend die Liebe ihre Strahlen in unsere Herzen senkt? Sita, so fantastisch, so heiß schlingend, saugend, windend tief ins seelische Sein unsere Leidenschaft taucht und unsere Körper einmütig aneinander schmiegt...

Spürst du die flutende Antwort deines Blutes, die reißende Flut deiner Wollust bis in die letzten Faser deines dunklen Gartens, wo in einem Aufwallen explodierender Hingabe die Lust bis in deine Kehle dringt und stammelnd deine glühende blühende sprühende Liebe keucht,- deine flammende Liebe zu mir?

Ah,- Sita, Sita, du sollst wissen und spüren und es erfahren wie zuckende Blitze, dass es bei deiner Herrin genau so ist, dass sie dich in sich spürt und mit dir einen flammenden Tango der Liebe im Sein unserer vereinten Seelen tanzt. So ist es, Sita, ja!

Gestern der Treff mit Jana wurde leider verschoben, weil Jana, wie sie sagte, ein Public Viewing hatte. Erst später kam sie on, aber zu spät, um sie ihre Bestimmung gezielt spüren zu lassen: dass sie unter der Peitsche ihrer Herrin die Glut ihrer Leidenschaft in der Züchtigung für ihre Schlampereien zu empfangen hat,- genauso wie du, meine Sklavin.

Mir blüht eine Rose, im Herzen erblüht
bin ich von ihrer Liebe sehnsüchtig erglüht,

aus ihrem Kelch fließt Freude mir zu,
ja, Sita, diese Rose der Liebe bist du!

Du strahlst in mir mit zündender Macht,
du erfüllst mich mit deiner lüsternen Pracht,
du entflammst in mir mein mit rauschendes Blut,
du bist in mir wie eine brandende Flut.

Und all mein Sinnen gilt dir zu all meiner Zeit,
ich spüre dich unendlich, bin für dich bereit,
Sita, meine Sklavin,- was machst du mit mir?

Du wühlst in meiner Seele mit Zaubergewalt,
dass meine Liebe durch die Sphäre schallt,
und sagst dir inbrünstig: ja, ich gehöre dir!

Du bist meine Rose, die Blüte der Lust,
ja, meine Seele hat's immer gewusst:
du bist mein Zauber in Engelsgestalt,
der flammend durch meine Lüste wallt.

Du bist mein Wahnsinn, meine Gier, mein Trieb,
du bist ein Sturm in meinem Feuchtgebiet,
alles in mir pocht, rauscht und pulsiert,
ich bäume mich auf, es kommt, es explodiert.

Ich stöhne entspannt an deiner süßen Brust,
ach Sita, in mir pocht weiter die sanfte Lust,
doch jetzt ist die Lust nur Liebe, so klar und rein
ich gebe mich dir mit all meinem Sein!

Im Bann der Venus

Mit dir, Sita, bin ich so glücklich,
umschling' dich glühend voller Lust,
und wie in einem Liebestraum
spür' ich dein sanftes Seelenzittern,
dein sorgenloses Sonnenwittern,
durch meiner Seele weiten Raum.

Ja, in meiner heißen Leidenschaft
spür' ich deiner Augen tiefes Licht,
und trunken von der Liebe Blut
betret' ich deinen dunklen Garten,
kann es gar nicht mehr abwarten,
stürz' in deine Blütenflut.

Die Nacht wispert, die Liebe stöhnt,
wir spüren uns so heiß und nah,
nun dringst auch du bebend in mich,
und mich durchzuckt die heiße Freude,
oh, dass kein Honig sich vergeude,
ergieß ich meine Lust in dich.

Und du in mir, ich stöhne auf,
und schlürfe deinen Zaubersaft,
und küssen uns dann ganz entspannt,
liegen glücklich fest umschlungen,
von unserer Liebe tief durchdrungen,
die Göttin hat uns fest gebannt..

Sklavin meiner Lust

Ich will dich spüren, will dich tasten,
will deinen Körper glühend heiß,
will dich zwingen, dich erringen,
will dich in meinen Flammenkreis.

In mir schwingen Leidenschaften,
die wie Planeten um die Sonne flieh'n,
die aus tiefen Quellen grollen,
um dich ins feuchte Reich zu zieh'n.

Du sollst brennen, sollst bekennen,
dass du nur noch mir gehörst,
dein ganzes Wesen sollst du beugen,
nur ich bin es, die du begehrst.

Ich will dich fesseln, will dich peitschen,
will deinen Schmerz verwandelt seh'n,
du wirst es still mit Lust ertragen,
wirst lüstern um mehr Schläge fleh'n.

Und wenn ich deine Striemen küsse,
die deine Haut von mir empfing,
wenn meine Hände zärtlich streicheln,
dann spür': du bist mein süßes Ding.

Als Sklavin fest in meinen Händen,
spürst du, wie durch dich Feuer rauscht,
wie uns're Körper sich umwirbeln,
und Venus aus den Sternen lauscht...

Du bist nichts, nur meine Schlampe,
meiner Lust und Qual geweiht,
du bist mein Miststück, meine Hure,
bist nur für mich immer bereit!

Spüren in uns mit heißem Glühen
der Seelen flammend Ewigkeit,
spüren in irrer Liebe blühen
das Glück der nackten Lüsternheit.

Du bist mir Sklavin voller Wonne,
vertraust mir voll dein Leben an,
mit Strafen spürst du tief im Innern,
was ich in dir bewirken kann:

Im Glanz der Sonne meines Wesens
erblühst du so zu voller Pracht,
genießt erfüllt dein pralles Leben,
bist neu geboren zum Glück erwacht.

Dunkelheit

Horch dem Sturme der Gewalten,
die wie dunkle Geistgestalten
in deiner eig'nen Brust erzürn'n.
Sie klagen dir ihr tiefstes Leiden,
können dem Schatten nicht entsteigen,
nicht das Licht der Welt erseh'n.

Wie ein finst'res Ungeheuer
sinkt der schwarze Nebelschleier
über deine dunkle Lust.
Und zuckend saugt dämonentrunken
der tiefste deiner Höllenfunken
durch die grell entfachte Brust.

Um dich gellt in Zornesklängen
mit geschärften Krallenfängen
die Angst mit scharfen Biss und Pein.
Wild entfesselte Dämonen
speiend dir im Herzen thronen,
schauderhaft voll Widerschein.

Doch durch der Spannung Unbehagen
suchen sie mit Schmerz zu sagen:
wir sind des Lebens dunkler Hohn,
tauch' in uns're schwarzen Nächte,
in die Welt der dunkle Mächte,
doch hüte dich vor unserem Lohn.

Kriech zurück zu deinen Quellen,
zu des Lebens Schöpfungswellen
wo du dich dem Licht geweiht.
Wo in tiefen Ursprungsfluten
die Saat erblüht zu feurig Guten,
der Seele glühend Ewigkeit.

Sonnenmädchen

Guten Morgen,
meine sonnige herzlichst geliebte Sita-

Danke für deinen wundervollen Morgengruß, dein Gedicht voller Liebe zu deiner Herrin und Braut.

Ja, ich schließe zärtlich und verlangend mein kleines verlorenes Mädchen in die Arme, fühle mich wahrhaftig wie eine Sonne, aber spüre auch mein Mädchen, meine Sita, wie eine Sonne, wie meine Sonne, die mein Herz, meine Seele, meinen Schoß mit süßer hingebungsvoller Wärme füllt.

Deine Herrin spürt tief in ihrer Liebe zu dir sonnige Worte wie zärtliche Berührungen durch deine Arme, durch deine Lippen, durch deine glutvolle Hingabe.

Meine Sita,
du leuchtendes Glück,
du unauslöschliche Glut,
durch meine Seele spüre ich dich fließen;
innig ergeben brandet in meinem Herzen deine erregende Flut,
und im Glanz deiner Liebe erscheint mir
unser Wesen wie eine Einheit, wie ein einziger Fels,
und du, Sita, atmest in mir
voll reifem Überschwange meines zauberhaften
Glücks,

ooh, du sanfte, zärtliche Braut, du machst mich wahr-
lich so himmlisch verrückt...

Mit Flügel in tiefblauer, glitzernder Farbe
schwebst du wie eine Fee so klar, so wonnig und end-
los bei mir,
dein Antlitz erfüllt mich bebend und lustvoll mit gülde-
nen Schwingen,
und dieser Morgen erhebt sich strahlend und siegend
über die nächtliche Gier.
Ja, im Sein deiner quellenden Liebe, deine begehrenden
Lust
erwache ich, umhüllt vom schneeweißen Kleid deines
Wesens,
du mein Sonnenmädchen, du Strahl meiner innigsten
Freude,
du herrlich liebende Sehnsucht meiner Seligkeit,
wie liebe ich dich, wie spüre ich dich, mir so unendlich
nah...

Komm, meine Sita, wiege deine Schönheit über alle die
Berge,
hauche deine Liebe durch unser sanftes Schattental,
sieh,- zu unseren Füßen blühen die Rosen,
und taufrisch bedeckt sie der wehende Schleier
unserer heiß erfüllten Sonnenwahl,
komm, geliebte Sita,
in die strahlende Glut deiner dich liebenden Herrin,
wir sind so innig und glücklich vereint,
und unser Herzblut führt uns entzückt voller Liebe
zu Aphrodites ewig göttlichen Gral.

Mitternacht

So still! So wundervoll die Mitternacht!
Dein Auge ob der Schönheit lacht.
Auf dunklem Grund des Traumes Licht
farbenprächtig zu dir spricht:
Sita, du süß geliebter Quellgesang,
der tief aus meiner Brust entsprang,
mit irrer Lust, die dir geweiht,
und sich an deinem Glück erfreut.

Ja, aus tiefem Grund empor
erhebt dein Traumbild sich hervor,
mitternächtlich, glitzernd schön,
mit Wollust feurig anzusehn,
lock' ich dich mit sanften Schrei,
komm, meine Sita, du bist frei,
komm zu mir, denn nichts dich hält,
vergesse jetzt das Los der Welt!

Zögere nicht, denn tief entflammt,
was aus dem Schoße Venus' stammt,
glüht in dir, verzehrt dich nicht,
erstrahlt in deinem Angesicht,
und Sehnsucht, die sich jetzt verlangt,
wie eine Rosenblüte rankt,
sie taucht dir tief ins Herz hinein,
für deine Herrin sollst du sein!

Es tönt der letzte Glockenschlag,
die Mitternacht ward angesagt,
und still im sanfter Liebesmüh'
spür' ich dich, Sita und sprüh'
vor Glück, vor heißer Leidenschaft,
vor Lust, Freude und irrer Kraft:
du bist in mir, meine Wahnsinns-Glück,
mein Lebensrausch, mein Schicksals-Blick!

BDSM

Morgens aufwachen, mit einem Sonnenschein im Herzen, der etwas in dir aufblühen lässt, diese Blüte der Liebe für die Dienerin der Glut in diesem Herzen, du, Sita, die im Tempel ihrer Göttin Quellen und Feuer bewegt und ihren Dienst in wahrer Hingabe an ihre Herrin widmet.

Ja, Sita, empfange diese Blüte aus dem Herzen Deiner Herrin, lausche ihrer Melodie, versinke in ihrem Duft nach Verlangen und Leidenschaft, tauche hinein in ihr brennendes Flüstern und lass Dich umweben vom Gesang ihrer innigen Liebe zu Dir.

Ich liebe dich...

Ich liebe dich, Sita,
auch wenn ich dich schlage ...
Ich sehne mich
nach deiner Lust.
Du machst mich glücklich,
wenn du meine Stiefel und Füße leckst ...
Deine Zärtlichkeit
heißt vor mir im Staub zu liegen.
Und mein Streicheln
ist oft das Knallen meiner Peitsche.
Und meine blutroten Küsse
lassen Striemen auf deinem nackten Körper.
Und meine süßen Worte
beugen dich zur Demut herab.

Ich liebe dich, Sita,
wenn ich auf dir liege
und mein Lachen
zeigt dir Herabsetzung an.
Du vergötterst mich,
je strenger ich zu dir bin,
und du weißt, du gehörst nur mir,
an der Leine geführt,
als Sub, ja, gar als Sklavin,
und als Herzensbraut ...

Du liebst mich umso mehr,
wenn ich dich hinter Gitterstäbe sperre.
Komm, bete mich an,
denn ich behandel dich manchmal schlechter als
eine Hündin.
Du schaust mich bewundernd an,
wenn du vor mir knien musst.
Ich lasse mich zu dir herab
und meine Liebe flüstert sich dir zu,
und meine Lippen
küssen deine schimmernden Tränen weg.
So gehörst du mir, Sita,-
Ich liebe dich ...

Die Macht der Herrin

Loup entfacht in dir den dunklen Engel,
fesselt deinen Körper in scharfen Strick,
schreitet hochhackig in Lederstiefel,
und setzt dir den Absatz ins Genick.

Mit Collar und Cuffs um Hals und Glieder,
schaust du zu mir verklärt, entzückt,
die Taille geschnürt trägst du deinen Mieder,
bebend, zitternd, gebeugt und gebückt.

„Dieses Mädchen, Herrin, voller Begehren,
will nur noch Euer Spielzeug sein",
und forschst in der Tiefe dein dunkles gewähren,
umschlossen vom flüssigen Feuerschein.

In Halsband, Handschellen, gespreizt auf dem Rack,
verschlingt dich der Schmerz mit lustvollen Stöhnen
den Körper gepeinigt, zerschunden der Lack,
spürst du deine Herrin dich glühend verwöhnen.

In meiner Hand die neunschwänzige Peitsche ,
zischt sie auf dich mit feuriger Gier,
und deine Glieder am Kreuze nun spreize,
so schneidend lechzt meine Macht nach dir.

Und im süßen Duft von Sex und Angst,
erstickt dein Schreien, Weinen und Wimmern,
in der Glut deiner Hingabe du zitterst und bangst
und spürst Schmerz in deinem Herzen schimmern.

Mit jedem Hieb werden Dämonen geschlachtet,
deine salzigen Tränen geleckt von Loup,
dein Herz schlägt schneller, überflutet von Liebe,
dieses Mädchen des Schmerzes, Sita, bist du.

Tanzlied

Komm und lass uns Lieder machen,
lass uns heute herzhaft lachen,
vergessen wir den Lauf der Zeit
und seien für das Glück bereit.

Schwimmen wir auf Hoffnungswellen,
saugen an den Zauberquellen,
füllen uns mit Sonnenschein,
heute laden wir uns ein.

Lass uns heute sorglos springen,
siegreich mit dem Schatten ringen,
locker auf der Erde steh'n,
schwebend auf den Wolken geh'n.

ja, lass mich meine Sita küssen,
verliebt in ihrem Mund verbissen,
kraule in ihr wie im Meer,
und gebe sie wieder her!

Spüre deine Feuer spielen,
mich nach deinen Lüsten zielen,
spür' glühend deine Liebe weh'n
und mich in deine Blüte geh'n.

Ja, ich will dich heute plündern,
berauschend meine Sehnsucht lindern,
die Liebe lass' heut' Göttin sein,
um ihre Gunst jetzt woll'n wir frei'n!

Liebesglut

Komm, meine Sita, komm, meine Glut,
wärme mich mit deinem Herzensblut,
meine Geliebte, strahle mir dein Licht,
wend' glühend zu mir dein Angesicht.

Tritt heran und biet' mir zum Kuss
dein sanftes Wesen, deiner Seele Fluss,
deinen Körper, so kristallklar und schön,
lass tief mich dir in dir Augen seh'n.

Zu schauen dich still und sehnsuchtsschwer,
entfachst du in mir so wilde Begehr',
erbebt in mir brodelnde Leidenschaft
aus deiner Liebe verschlingende Kraft.

Ja, Sita, komm, sinke an meine Brust,
unzähmbar erwache die heißsüße Lust,
blitze mir deiner Augen demantenen Schein,
dringe glühend in meinen Schoß hinein.

Komm, meine Geliebte, komm pur und klar,
umschmeichel mich mit deinem seidigen Haar,
liebkose mich raunend mit zartem Gefühl,
verbrenne mich feurig mit deinem Fingerspiel.

Liebe mich zärtlich mit sanfter Gewalt,
halte dich schmiegsam zusammengeballt,
und fühle berauscht aus tiefsten Grund:
unser Schicksal entflammt von Mund zu Mund.

Und spüre, wenn bebend die Liebe einbricht,
zerstrahle, wie eine Sonne zerstrahle durch mich,
überflute in mir zündend die einsame Nacht,
und tauch' in meiner Seele entzückende Macht.

Diesseits und Jenseits

Tief im Innern meiner Gedanken
erfüllt sich der Schöpfung Urgewalt,
durchbrechen die Grenze, die haltlosen Schranken,
erzeugen sich in flammender Gestalt.

Zerbersten zu Staub die alten Dämonen,
und leuchtend erhebt sich mit Macht und Kraft
das Spiel der Zeit, das Schicksal der Horen,
in der Glut unsrer Liebe sich Neues erschafft.

Verwegen, ja feurig, in endlosen Sprüngen,
erglüht die Lust zum erregendem Bild,
ich spüre die Liebe tief in mich dringen,
werde vor Leidenschaft zu dir so wild.

Ah, Sita, mein Engel, mein endlosen Walten,
du zündender Blitz meiner süßesten Nacht,
für ewig erstrebe ich, dich zu halten,
du bist mein Vulkan, der mein Herz entfacht.

Mein Blut fließt dahin im Lavaglühen,
aus unendlichen Weiten dein Ruf erscholl,
erweckte meine Liebe zum heiligen Blühen,
vernichtete meinen Schrei, meinen einsamen Groll.

Im Ursprung voll mit unendlichem Leben
ergreif' ich des Schicksals unsterbliches Rad,
und spüre es heftig im Diesseits erbeben,
weil deine Liebe mich so erobert hat.

Meine Liebe will sich dir vollkommen schenken,
meine Seele zerfließt in sprühender Glut,
ich könnt' das ganze Universum fast lenken,
soviel gibt deine Liebe mir Mut.

Sita, komm zu mir, mein Engel der Nacht,
ich möchte mit dir Abgründe durchqueren,
und siegreich über die Brücken der Macht
dich unendlich glühend immer begehren!

Der Ring der Macht

Da ich deine Herrin bin,
und voll jenes dominanten Geistes,
der auf hohem Joch zwischen den Leidenschaften wandelt,-

zwischen Schmerz und Lust und begierlichen Schaudern,
als süße Wollust über dich schwebt,-
eintaucht in deine feuchten Niederungen,
ja, wie ein Blitz der Lüste in dich dringt:
zum Glühen bereit in deinem Busen,
zum erlösenden Lichtstrahl,
haa, schwanger von Blitzen,
dich zu nehmen, zu durchzucken,
den Strom deines Blutes stöhnend hochpeitscht: -
und selig bäumt sich dein Körper,
unterwirft sich dein Geist,
gibt sich ganz hin, erniedrigt, gewunden,
kriechst du zu zünden das heilige Licht!

Ja, wie solltest du nicht brünstig sein,
und dürstend nach deiner Herrin Züchtung,
und nach dem hochzeitlichen Ring der Ringe,-
dem Ring deiner Braut und Herrin!

Noch nie fand ich das Mädchen, das zur Liebe geführt,
und mit meinem Herzen zur Einheit verschmolz,
es sei denn die Frau, die ich liebe:
denn ich liebe dich, oh Sita!
denn ich liebe dich, oh Sita!

Der Reigen der Freude

Schau die Rosen, die leuchtenden Rosen,
sie strahlen beim Wiegen im Winde im Sonnenschein,
und laden uns beide zum Tanzen ein,
zu singen, zu jubeln,
zu klingen, zu sprudeln
in sanften Melodien im Waldeshain.

Du bist so schön, Sita, mein Mädchen,
schön bist du wie Tausendschön,
wie Veilchen, wie Nelken,
und wirst niemals verwelken,
stehst im Glanze meiner wonnigen Zauberfeen.

Komm, tanze den Reigen, den sonnigen Reigen,
im Abendglühen im Blute des Sonnenballs,
im Rhythmus des himmlischen Widerhalls,
wir wollen dem Glück uns neigen,
im Schallen, im Wiegen,
im Säuseln, im Siegen
der stürmenden Liebe des Götterschalls.

Oh, sanft bist du, Sita, meine Süße,
sanft bist du wie Wolkenschnee,
wie die Strahlen der Sonne,
wie die Leidenschaft voll Wonne,
so sanft und zärtlich wie der silberglänzende Alpensee.
Reich mir die Hände, die zarten Hände,
im goldenen Schein des Mondes zur Mitternacht,
zu tanzen die süße Runde der Liebe Macht,
mit Freude, beim Küssen,
voll glühenden Bissen,
im Rausche zu ziehen,
der Trübsal entfliehen,
im schönsten Reigen der Liebe erstrahlt unsere Pracht.

Kirschblüte

Guten Morgen, meine wunderschöne Kirschblüte,
meine innigst geliebte Sita,

dich anzusehen ist wie ein stiller Traum in Voll-
mondnächten,
wie eine Federzeichnung in ihrer schlichten und
leuchtenden Klarheit.

Du bist für Deine Herrin ein Jungbrunnen im
himmlischen Garten der Liebesgöttin,
so süß und sanft,
so edel umhaucht mit dem Atem der Liebe,
so wie Shibu, meine Sita,
die nie ersterbende Kirschblüte
im Wunder der Wahrheit zu Sais,-
voller Sehnsucht nach Licht und Liebe
und Leidenschaft des Glücks,
und nach Strahlen,
in denen du, meine Liebste erblühst...

Deine Herrin ist ein Mysterium deiner hungernden
Seele,
und sie gibt sich dir hin im Kleid einer blühenden
Rose
mit den Blüten der Liebe,
den Schmerzen der Dornen,-
sachte gepflegt aus dem Quell deines Seins,
deines leuchtendem Wesens,

diese feurige Blume lüsterner Wollust und selbstloser Hingabe,
deine Herrin,
oh ja, sie ist es,
zu deren Auserwählten du gehörst,
ihre Sita, ihre tief geliebte Glut...

Oh, so nimm mich denn, Sita,
ich bin Saatgut tief in Deiner Seele,
wo deine Herrin für immer und ewig stets neu erblüht,
und ihre Macht glühend vor Liebe in dein Herz
verankert,
denn wahrlich, Sita, du gehörst ihr,
gehörst Deiner Herrin Loup, -
in tiefer Demut,
mehr noch in Liebe,
ergeben geneigt zu ihren Füßen,
die Lippen im Kuss auf die Zehen deiner Herrin
und Braut gesenkt,
und du spürst die sanfte Flut der Ewigkeit,
der Wiederkehr immerwährender Liebe.

Lustgewitter

Guten Morgen, meine geliebte Sita,
du quellender See meiner Seele,
der mich silberhell umspült
und in Wellen der Lust badet,
du glühender Stern meines Herzens,
der mich heiß erregend durchstrahlt
und mein Blut in Lustgewitter wandelt,
ooooh du mein innigst geliebtes Mädchen, meine
Sklavin, die sich mir in Demut gibt
und ihre blühende Schönheit
an meinen Körper schmiegt,
der Herrin mit ihrem ganzen Wesen zu dienen und
ihr mit sprühender Wollust
die Sehnsucht erfüllen.
Meine Sita, stürze dich in deine Herrin,
oh ja, komm und stürze dich in ihr
Lustgewitter:

Liebes-Stürme, Lust-Gewitter,
Feucht-Oasen, Blüten-Splitter,
all das find' ich nur bei dir!
Sind wir zwei nicht wie die Sonne,
glühend verliebt, voll heißer Wonne,
oh, Sita, komm, komm schnell zu mir.

Hier auf meinen Sehnsuchtswegen
lauf ich tanzend dir entgegen,
hör dein süßes Liebeslied:
kein Wind liebkost so meine Blüte,
wie dein Atem, der zu mir fliehte,
damit du lustvoll bei mir liegst.

Bin nun erfüllt voller Entzücken,
Wollust-Küssen, Liebes-Brücken,
kraule in dir wie im Meer.
Schlinge mich um deine Seele,
ja, dass Venus nicht verfehle:
ich gebe dich nie wieder her!

Denn wir zwei sind eines Schoßes,
Zwillingsseelen eines Loses,
Vorbestimmte ewiglich?
Du bist mein, bist meine Liebe,
Wilde-Katze, Rosen-Siege,
Sita, aaaah, wie lieb' ich dich!

Tor zur Ewigkeit

Meine geliebte, meine begehrte, meine sonnen-
durchglühte Sklavin, meine Sita,

Die letzten Tage spürten wir so heftig,
wie innig und untrennbar
wir zusammen gehören.
Deine „Schuld", wenn es so etwas gibt, verglüht
im Licht unserer Liebe
und deine Herrin zerreißt
jede Konditionierung,
die dich in deinem Leben schuldig sprach,
sie reinigt dich von allen Vorwürfen,
die in deine Seele
wie Unkraut und Gift gepflanzt wurden.
Sie hat sich in tiefer
liebevoller Meditation hingesetzt
und an ihre Sita gedacht,
deine begehrte Liebe tief in sich gespürt
und aus glutvollen Herzen
dieses Lied für dich entworfen:

Sita, meine geliebte Sklavin,
du wunderschöne Blüte an der Rose meiner Liebe,
versinke in mein Herz ganz tief, tief drinnen,
und schmecke mein Blut,
meinen Schmerz, meine Glut,
sonst wirst Du niemals wissen, wer ich bin.

Meine Elfe, meine Prinzessin,
meine blutrote Liebe, die du bist,
deren Kuss wie ein Hauch aus der Welt der Sterne ist.
Ich bin aufgeregt in deiner Gegenwart,
ja, in meiner Not bin ich verrückt
nach Deinem Sex, nach dem Tempel
deiner glühender Leidenschaft.

Ich nehme von dir die Macht
und lasse dich meine Herrschaft spüren,
wo und wie ich will,
an deiner Brust, an deiner Glut
zwischen den Schenkeln,
und du, meine Prinzessin, hältst dabei still.

Natürlich nehme ich dich und reiße dich
ins Zentrum unserer lodernden Lust,
und du bist weit offen, mein Engel,
weit offen für mich,
du musst es sein, du hast keine Wahl.

Keine Wahl, die ich dir lasse,
es hält dich glühend fest.
Deine Fessel,
die Faszination für deine Herrin Loup, Sita,
ja, wenn ich über Dir bin,
dann bist du weit, weit, weit unter ...
weit unter mir, demütig empfangend, so hingebungsvoll.

Ich bin tief in deinem Leben,
will dir alles geben, Sita, und alles nehmen,
für einen Kuss, für ein Leben,
der dein Blut, dein Tränensalz
und deinen Schmerz
mit brennenden Lippen mir sehnsuchtsvoll gibt.

Mir, meine Sklavin,
mir, für immer am Tor der Ewigkeit,
meine Sita,
denn ich weise dir deinen Platz zu,
und du gibst dein „Ja", dein absolutes „Ja!"
und du spürst voller Inbrunst:
Herrin, meine Herrin, ich gehöre Euch,-
bedingungslos, nur erfüllt mit Liebe!

Schicksalsliebe

Hallo meine geliebte Sita,
du süßer Engel,
der mein Herz mit Melodien der Leidenschaft über-
schüttet und meine Gefühle
in einem Meer wollüstiger Liebe senkt.

Aaaaah, wie ich mich aale in diesem Meer
und wie ich neu entstehe,
der Venus gleich aus einer Muschel geboren erhebe ich
mich und greife mir den Blitz,
diese Schwester der Peitsche,
die in meiner Hand zündet
und sich liebkosend um deinen Körper windet, dich zu
mir zieht,
zu meinen Füßen als die Sklavin
im Dienst ihrer Herrin....

Oh Sita,
deine Herrin beugt sich zu dir hinab,
zieht dich an ihre Lippen
und keucht in deine Seele:
du meine irre Schicksalsliebe ...

Sita, feurig zu mir, komm, meine Glut,
mich traf dein Blitz ins Herz, ins Blut,
ah, Sita, sprühe und strahle mir dein Licht,
wende glühend zu mir dein Engelsgesicht.

Tritt heran mit zündendem Kuss,
ich begehre dich, du mein reißender Fluss,
deine Seele, so kristallklar und schön,
lass mich, Sita, die Tiefe deiner Liebe sehn.

Dich schauen, still und sehnsuchtsschwer,
ein Bild voller süßer sücht'ger Begehr,
ein Brunnen entflammter Leidenschaft,
welch' Wollust verschlingende schwelende Kraft.

Sita, oh Sita, komm zu mir an die bebende Brust,
unzähmbar gib mir deine heiß-süße Lust,
blitz mich mit deiner Augen demantenem Schein,
dring glühend mir ins zitternde Herz hinein.

Komm, du Glut meiner Sehnsucht, pur und klar,
umschmeichle mich sanft mit seidigem Haar,
liebkose mich raunend mit zartem Gefühl,
verbrenne mich gleißend mit feurigem Spiel.

Liebe mich zärtlich mit sanfter Gewalt,
halte dich schmiegsam zusammengeballt,
und tauche hinab in deinem tiefsten Grund,
entflamme dein Schicksal von Mund zuMund.

Und fühle, wenn bebend die Liebe ausbricht,
zerstrahle, wie eine Sonne zerstrahle durch mich,
überflute in mir die lüsterne Nacht,
und lieb mich, Sita, mit all deiner Macht.

Die Glut der Sklavin

Da ich deine glutvolle Liebe und Herrin bin,
und voll jenes dominanten Geistes,
der auf hohem Joch zwischen den Leidenschaften
wandelt,-

zwischen Schmerz und Lust und begierlichen
Schaudern,
als süße Wollust über dich schwebt,-
eintaucht in deine feuchten Niederungen,
ja, wie ein Blitz der Lüste deine Sehnsucht durch-
webt:

zum Glühen bereit in deinem Busen,
zum Lichtstrahl blitzend
erlösend in deiner Brust,
haa, schwanger von der Zucht,
dich zu nehmen,
verfallen in der Glut meiner Lust,

und lüstern bäumt und biegt deinen Körper,
schmiegt sich an mich
dein unterworfener Geist,
gibt sich ganz hin, erniedrigt, geschunden,
dem Altar meiner Macht,
an dem du deine Herrin preist...

Ja, wie solltest du da nicht brünstig sein,
und dürstend nach Züchtung
durch meine Hand,
ich gebiete dir, Sita,
tauch' in die Glut deiner Göttin,
gehorche,
denn du bist in ihre Seele gebrannt.

Noch nie fand ich die Sklavin,
der meine Macht gebührt,
mit mir in innigen Einheit verschmolzen,
es sei denn, die Sklavin, die ich liebe:
denn ich liebe dich, Sita!
Denn ich liebe dich,
meine Glut!
Denn ich liebe Dich
in Ewigkeit,
mit glühender Sehnsucht,
mit heißsüßem Blut.

Bund der Venus

Deine Brust, ich will sie küssen,
mag deine Haut mit jedem Zoll,
möchte gar nichts von dir missen,
ich spür' dich tief und sehnsuchtsvoll,
werd' niemals mit dir einsam sein,
bist meines Herzens Sonnenschein.

Und immer wieder will ich bieten,
was tief in meinem Schoße pocht,
den süßen Duft von Rosenblüten,
wie sehr hast du ihn doch gemocht,-
weil aus meiner geilen Flut
die Rose dir so Gutes tut.

Und an deinen Lippen nagen
meine Zähne voller Lust,
sich süchtig in die Tiefe wagen,
wo plötzlich du so stöhnen musst,
weil meine Leidenschaft dich nimmt,
wo deine Glut der Wollust glimmt.

Ja, wie in die Frucht der süßen Feige
stößt meine Zunge dir ins Fleisch,
du spürst erglühend deine Freude,
dich keuchend nach dem Feuer heischt,
du zuckst und bebst, die Blüte fließt,
sich heiß in meinen Mund ergießt.

Wir spüren uns voll Lust verzücken,
entflammt und feurig kommen wir,
der Ausbruch lässt uns weit entrücken,
wir sind Rose, Meer und Tier,
und wir flüstern Mund an Mund:
uns umschlingt der Venus tiefster Bund.

Lustschmerz

Guten Morgen, Sonnenschein, Feuerglut meiner Sehnsucht,
Wildkatze meines Herzen, Silberquell meines nach dir dürs-
tenden Gartens, Sklavin meiner Wollust und Leidenschaft,
Strahlenflut meines stürmischen Blutes, Lichtgestalt meiner
Züchtigung, guten Morgen, Flamme meiner heißesten Sehn-
sucht, deine Herrin wünscht dir einen wundervollen Tag, ei-
nen Tag,an dem dich meine Gedanken begleiten und süße
Liebe in dein Herz träufeln, die Liebe deiner Herrin und
Braut, die Zuneigung deiner Loup.

Du, geliebte Sita, süße Sklavin,
Engel, der zum Licht mich weiht,
knie' vor mir in Demut hin
und sei für jeden Wunsch bereit.

Du gibst mir dein ganzes Leben,
bist für Glück und Schmerz bereit,
und dein tieftest Seelenstreben
ergibt sich mir in Hörigkeit.

So küss ich dich und peitsche dich,
binde in Ketten deine Glieder,
voll Lust und Liebe bittest du mich:
nimm deine Sklavin immer wieder.

Ich tauche dich in meine Flut,
du spürst dich wild erglühen,
und tief in deiner Liebe ruht
eine neu entdecktes Blühen.

Mit mir entdeckst du tief im Herzen,
du bist mehr als nur dein Ich,
die Lust in deiner Herrin Schmerzen
führen dich befreit zum Licht.

Schwarze Gedanken

Wie so finster und nebelhaft
doch schwarze Gedanken auftauchen,-
wie sie tückisch und schleierhaft
im Herzen ihr Unglück raus fauchen...

Dunkle Gedanken, wer hat euch gerufen?
Wer euer Gift in mein Herz gesät?
Ihr treibt mich, mein Schicksal zu fluchen...
Ihr habt meine Qual gar listig erspäht.

Ich vermisse die Liebste, ihr an-mich-denken,
dass Schweigen Sitas nagt bis zum Schmerz,
ich will meine Liebe ihr lustvoll schenken,
und öffne für sie mein suchendes Herz.

Doch abgründig grollend zischt aus der Ferne
die dunkle Gestalt der Einsamkeit,
schwarze Gedanke, oh finstere Sterne,
ist meine Liebste dem Tode geweiht?

Ist meine Sklavin ihrer Herrin müde,
schleicht sie von dannen, lässt mich im Stich?
Ertönt aus de Ferne nicht leise im Liede:
meine Herrin, so komm doch und hole mich?

Sturmlied des Meeres

Horchet! Horcht dem Sturm der Meere,
Fluten sendet es zum Heere,
horchet! horcht, wie es nur braust.
Brandung berstet an den Küsten,
schäumend an des Festlands Brüsten,
wild zerklüftend es dort haust.

Gigantentum der smaragdenen
Wellen,- senken sich und heben
der Elemente Urgewalt.
Die Natur selbst muss sich stählen,
will sie die wilde Schönheit wählen,
die gellend durch die Fluten hallt.

Und schwarze Wolken schleudern Blitze
Fauchend in den Berges Spitze,
zischend in den Meeres Grund.
Seht die Wellen Wolken küssen,
sieht die Winde Peitschen hissen,
sie umschlingt ein fester Bund.

Und schallend durch der Wogen Klänge
schwillt des Herzens Sturmgesänge,
das Lied der Liebe Leidenschaft.
Die Brust erbebt und will zerspringen,
um dich, Liebste, gilt ihr Ringen,
deine Liebe, Sita, gibt mir Kraft!

Tanz der Schönheit

Hallo meine geliebte Sita,
oh, du herrliche geliebte Sklavin meiner Lust,
jaaa, du wahnsinnige Lustschlampe deiner Herrin,
wie begehre ich dich
und genieße jede Minute deiner Unterwerfung,
so dass sie immer wieder
vor meinem inneren Auge entsteht
und funkelnd voller glitzernder Liebesstürme
durch die Seele deiner Herrin streift
und nach den Perlen der süßen Abenteuer fischt,
die sie mit dir geerntet und genossen hat.

Doch siehe selbst,
wie lebendig glühend
der Rausch der Erinnerung gleißt und knistert,
wie Wollust schaudernd
er das Blut zur Wallung peitscht
und die Seele zum Gesang
ihrer Bacchantiden treibt...

Aaaah, du wirst wieder tanzen,
Sita, tanzen für deine Herrin
und vor ihr empfangsbereit
in die Tiefe deines Herzens sinken,
damit du sie mit jeder Pore,
mit jeder Zelle deines Wesens spürst und begehrst
und erlebst, wem du gehörst und dich gibst.
Komm, meine Sita, tanze...tanze...tanze...

Die Wüste glänzt im Abendrot,
die Luft erzittert liebestrunken,
und du, Sita, erwartungsvoll,
kniest in Demut hingesunken.

Noch ist alles seltsam still,
nur ein leises Palmenrauschen,
doch du beginnst vor meinem Blick
deine Kleider auszutauschen.

Mit Schleier, Ketten, Schmuck und Gold,
umschlingst du deine zarten Glieder,
und aus der Melodie der Nacht
erklingen leise Wüstenlieder.

Und du beginnst mit leichtem Fuß
deinen Körper sanft zu wiegen,
die Sonne sinkt, es glüht die Glut,
die ersten Funken knisternd fliegen.

Dein Körper tänzelt, schwingt und bebt,
in deinen Augen sprühen Flammen,
du sendest sie zu mir bewegt,
dass mir vor Gier die Sinne schwammen.

Du hebst die Arme, streifst dein Haar,
mit Spitzen stehen deine Brüste,
die Füße wirbeln deine Lust,
entfachen deiner Herrin Lüste.

In der Wüste senkt die Nacht
wollüstig ihre Augenlider,
du spürst die Blüte feucht erwacht,
und sinkst nun vor der Herrin nieder.

Die Wildheit blitzt aus dir voll Lust,
in deinem Blut pulsieren Wellen,
deine Herrin dringt in dich,
und saugt an deinen tiefsten Quellen.

Du bäumst dich auf und schreist und keuchst,
die Wüste hat uns fest durchdrungen,
dein Tanz verglüht' in wilder Gier,
und werden heiß von ihr verschlungen.

Nun liegen wir im kühlen Sand,
du darfst den Morgen dir erträumen,
bald streift blühend am Firmament
der neue Tag mit neuen Schäumen.

Sternenbraut

Guten Morgen, Sternenmädchen meiner Inbrunst,

einen herrlichen Tag voller Freude und Glück
wünscht dir deine Herrin.
Ich liebe dich
und letzte Nacht beim Spaziergang
spürte ich dich in mir,
soo nah
und intensiv,
so vibrierend
und berauschend in meinem Blut,
so erregend
und prickelnd in meiner Lust,
so liebkosend
und flüsternd
und wispernd
in meiner Seele,
oh Sita,
du süße geliebte heißherzige Sklavin und Braut,
wie liebe ich dich,
wie sehr....

Ja, im All blitzt Stern bei Stern,
sternhell blitzen deine Augen,
bist du mir auch noch so fern,
mein Herz wird ewig an dich glauben,
wird an deiner Liebe saugen,
hält mich fest, hab' dich so gern.

Völker toben, Menschen sterben,
doch unverwandt bis zu den Sternen
bis zum letzen Atemzug,
bis zum letzen Tropfen Blut
spür' ich dich, du süße Frau,
wenn ich zu den Sternen schau.

Sterne rollen durch die Sphären,
verheißen ewiges Begehren,
verheißen Leben nach dem Tod,
versprechen Liebe in der Not,
doch für mich bist DU mein Leben,
aus Liebe sind wir uns gegeben.

So sind wir beide tief verbunden,
erleben unser Sein im Glück,
und spüren in dem Meer der Sterne:
wir liebten uns vom ersten Blick,
ja, haben endlich uns gefunden,
die Flut der Sterne überwunden.

Nun bist du mein für alle Zeiten,
Sklavin meiner Lust und Pein,
und in der Sterne endlos Weiten
wirst' auch eine Braut mir sein,
wirst mir fest die Treue schwören:
für immer will ich dir gehören!

Die Nacht

Meine liebste
so manches mal so süß gepeitschte Sita,
wie Harfenklänge tönt immer noch dein Wimmern
in den Ohren deiner Herrin
und peitschen ihre Lust hoch,
dich mit den himmlischen Vergnügen
wollüstigster Leidenschaften zu hegen und-
lächelt süffig
und erbebt unter dem Ansturm
ihrer lüsternden Fanatsie.

Ah, natürlich warst du bei mir,
warst deiner Herrin
auch letzte Nacht wieder zu Diensten
und hast sie wie eine Wildkatze
in deine quellenden Lüste gerissen.

Stöhnend noch erwachte ich
und wie im Rausch
zuckten immer noch
in mir so wonnevoll geil und herrlich
deine orgiastischen Ergüsse
und hielten meinen Körper
entflammt bis zum ersten Morgengrauen.

Was für eine Nacht, feucht erfüllte Nacht!
Du kamst zu mir,- Sita, gib Acht,-
kamst fauchend zu mir angeschlichen,
in deinem Quell bin ich erblichen,
begabst dich heiß in meine Macht!

Und aus deinen Freudenquellen
zischten heiß die Liebeswellen,
durchzuckten mich wollüstig heiß,
umschlangen mich stürmisch und dreist,
fetzten mich mit Flammenglut,
peitschten hoch mein feurig Blut.

Oh, du warst so herrlich, wild und geil,
scharf und züngelnd wie ein Pfeil,
du warst in mir wie ein Erguss
mit deinem irren Liebesfluss,
wir fühlten uns wie im Orkan
der stürmisch uns're Blüten nahm.

Und dann zu früher Morgenstund',
liebend vereint von Mund zu Mund
lässt du voll Inbrunst und Entzücken
den Besuch wieder entrücken,
zurück blieb unser fester Bund.

Die Insel

Guten Morgen, mein herrliches Mädchen,
meine geliebte Sklavin,
meine wundervolle Seelenbraut.

Wie sehr spüre ich dich unentwegt in mir lodern,
wie sehr bin ich unentwegt berauscht
von deiner wonnevollen Liebe,
deinen erquickenden Worten,
die ich letzte Nacht noch bekam,
ah, meine Sita, meine heißgeliebte Sita,
deine Herrin erträumte sich
die Entstehung einer Insel nur für uns beide,
aaaaaaaaaaaaah, Sita,
meine Seele glüht vor Lust und Freude nach dir,
dich zu entführen
und zu lieben
auf unserer liebesstürmischen Insel:

Hörst du den Ozean stranden?
Zu unseren Füßen tobt er
und an seinen Ufern landen
der Wellen wogendes Heer.
Brechend, berstend, schäumend
schillert sein gischendes Blut
und aus seinen Tiefen dröhnet
der Elemente zischende Brut.

Da! Es teilt sich das strömende Walten
und feurig hebt sich schäumend empor,
aus den haltlosen Fluten, den kalten
des Grundes verwegener Chor:
glühender Schlamm, speiende Steine,
Fontänen verwilderter Urgewalt,
tosend und funkelnd vulkanischer Keime
formt sich der Insel glühend' Gestalt.

Donnerd dem Trotz dampfender Wellen,
sprühend und schnaubend formt sich das Land,
windend und krümmend, aus siedenden Quellen
wächst aus dem Meer das Felsgewand:
zerfurcht und zerschlagen, gramvoll zerronnen
entblößt es bebend sein welkes Gesicht,
den Schluchten und Strudelnd soeben entronnen
höhnt es trunken und siegreich dem neuen Licht.

Auf dieser Insel, der wunderbar Neuen
wollen wir lüstern der Liebe uns frei'n,
und werden im Leben nicht einmal bereuen,
dieses Versprechen: du bist mein, ich bin dein!
Und sinken entflammt in die dunkelsten Triebe,
die Insel empfängt uns im Schoß ihrer Flut,
wir gehören zusammen, verschmelzen in Liebe,
und spüren den Schauder der ewigen Glut.

Dunkle Lust

Meine geliebte Sita,
danke dir innigst für deine herrlichen Worte
und dein Gedicht gestern.

Ach, wie oft denke ich doch
an die zauberhafte Zeit,
an der du bei mir warst
und ich mit glühendem Herzen
deine Unterwerfung annahm
und sie dich spüren ließ,
sie mit dem Zauber
lustvollen Schmerzen verband
und so deine Seele
in die Sphären himmlischer Erfüllung schickte.

So wurdest du meine Sklavin
und bist es nun,-
bist verschlungen
mit mir als meine Sklavinnenbraut,
die sich zu meinen Füßen
in tiefer Verzückung
und Erwartung
für ihre Herrin bereit hält,
mit ihrer dunklen Lust....

Dunkelheit,- die Augen dir verbunden,
so fühlst du nur: ich bin dir nah!
Spürst deine Brüste sanft umrunden,
schaudern keuchst du ein leises Ja!

Ja,- es zuckt der Peitsche glühend Feuer
striemt deine Haut mit Lust und Schmerz:
„Schlagt nur, Herrin, denn ich bin Euer",-
die Wollust stöhnt dir tief ins Herz...

Nie zuvor hast du dich so gegeben,
du beugst dich meiner Zärtlichkeit,
duftend wie der herbe Saft von Reben
entströmt deiner Blüte Lüsternheit.

Erniedrigt stöhnst du in meinen Fesseln:
„mach alles mit mir was du willst",
ich quäle dich mit Hanf und Nesseln,
womit du keuchend meine Lust erfüllst.

Doch alles was ich tu', du willst es haben,
denn hinter jedem Schlag spürst du die Kraft:
du bekommst, was andere dir nie gaben:
Flammen heiß erfüllter Leidenschaft.

Engel der Nacht

Guten Morgen, meine herrliche geliebte Sita.
Gekuschelt mit dir in der Tiefe der Nacht,
in der Dichte des Traumes,
in den Flammen der Liebe,
in der Extase deiner Demut,-
ah, Sita, deine Herrin schwebte
im Paradies der Lüste
und nagte an den Quellen der Leidenschaften,
die aus dir flossen...

Ja, ein Quell bist du deiner Herrin,
ein brandendes Meer berauschender Lüsternheit,
eine gischende Flut wollüstiger Hingabe,
eine feurige Glut explodierender Liebe,
oh, Sita,
komm und schmiege dich an meine Brüste
und an meine Lippen,
liebkose meine Blüte
mit der feuchtbenetzten Rose
deines dunklen Gartens,
aaaaaaaah, komm
und sei mein Engel der Nacht, Sita,
keuche die Sehnsucht
deines Herzens
ins Blut meines Lebens,
du
,ein Engel der Nacht:

Du bist die schönste auf der Welt !!!!!!!!!!
Ich kann nicht mehr schlafen
ohne dich noch einmal zu sehen ,
ohne dich zu spüren,
ohne dich zu fühlen,
ohne dich zu berühren,-
du bist mein Engel der Nacht.

Du bist alles für mich Tag und Nacht,
wenn ich für immer bei dir sein kann könnte,
würde ich für dich die Sterne von Himmel holen,
für dich die Erde zum Beben bringen!!
Jeder Tag ist unendlich lange ohne dich,
schlaflos die Nacht ohne dich,
oh komm, du mein Engel der Nacht !!!!!!!!!

Könnte, könnte, könnte,-
es gibt so vieles was ich dir sagen will,
was ich tun möchte mit dir ,
was ich erleben möchte mit dir,
aber ich schaffe es nicht,
es dir zu beichten !!!!

Wenn ich dich sehe,
vergehe ich vor Sehnsucht,
ja, zu dir will ich,
dich in meine Arme schließen
und es dir sagen,
was ich für dich empfinde:
mein süßer Engel der Nacht.

Ich will dich nie verlieren,
weil ich dich liebe,
weil ich dich brauche,
komm, sei mein,-
sei mein Engel der Nacht.

Wenn ich nachts nicht schlafe,
schau ich in den Himmel
und ich weiß,
du bist die,
die ich immer suchte,
die mich erweckte
mit dunklen Küssen
aus flammenden Lippen,-
du mein Engel der Nacht.

Schau wie es mir geht:
ich kann nicht mehr ohne dich sein,
und jeder Morgen ohne dich
ist wie ein Leben ohne Gefühle!!!
Jeder Abend ohne dich
ist wie ein Morgen ohne Wiederkehr,-
denn du bist mein Engel der Nacht.

Erdebeermund

Meine geliebte, innigst geliebte Sita,
deine Herrin erlebt keinen Tag,
an dem sie nicht aufwacht
und ihre Gedanken und Gefühle bei dir sind,
bei ihrer geliebten Sklavin.

Gerade die Morgenstunden
kommen mit den Melodien der Liebe im Gefieder zärt-
licher Worte für ihre Sita,
für ihre endlos fließende Sehnsucht
nach dem Mädchen ihres glühenden Begehrens.

Ich bin so wild nach deinem Erdbeermund,
seh'n mich nach ihm von Stund' zu Stund',
und nach deinem Leib so sanft und weiß...
Ich hab' ein schönes Bett gemacht,
da möcht' ich dich nun jede Nacht,
wo ich dich lieb', wo ich dich beiß'!
Und selbst in früh'ster Morgenstund'
Spür' ich wild schon deinen Erdbeermund.

Ich wühl' so gern in deinem schwarzen Haar,
spür' dich in Flammen herrlich und klar,
berausch' mich mit Glut an diesem Spiel,
denn du bist so heiß in meinem heißen Blut,
du machst mich feucht, treibst mich zur Flut,
oh, Sita, ich habe nur noch dich zum Ziel,
überall, im stillen Tal, im Muschelgrund,
ich bin so wild nach deinem Erdbeermund.

Für dich geb' ich den schönsten Sommer her,
mit dir ist plötzlich alles nicht mehr schwer,
in deinen Armen verzaubert mich der Liebe Macht
und beiße lüstern d'rum so fest in deine Brust,
umschling' dich feurig wild mit heißer Sinneslust,
voll Leidenschaft, aus der fast schon der Wahnsinn
lacht,
und wahrlich, selbst im Wintertal, im tiefsten Asche-
grund,
da bin ich so wild nach deinem Erdbeermund.

Du meine Geliebte

Täglich wieder voller Liebe
bist du, Sita, von mir begehrt,
entfachst du meiner tiefsten Triebe
glühend Feuer unversehrt.

Und dein Bild brennt mir im Blute,
oh, feurig meine Liebe wacht,
meine Lust ich dir zuflute
in uns'rer heißen Liebesnacht.

„Liebe", flüstern deine Lippen,
„Begehr", dein Körper fauchend stöhnt,
und an deinen Augen nippen
Gedanken von der Lust verwöhnt.

Ich spüre dich in meinem Leben,
erfass' wollüstig die Gestalt,
die mit leidenschaftlich' Streben
flammend durch die Seele schallt.

Fühl' um mich dein lichtes Wehen,
streift mich g'rad deine sanftes Haar?
Möcht' süchtig leckend in dich gehen,
spür' deine Flut so wunderbar.

Empfange deine heißen Wellen,
ein stöhnend' Meer voll Weiblichkeit,
voll Blütenduft und süßen Quellen
spür' täglich mich für dich bereit.

Sklavin der Dämonen

Meine geliebte Sita,
im Moment geht es deiner Herrin nicht so gut, ein wenig Fieber, Gliederschmerzen und letzte Nacht ein Albtraum haben ihr zu schaffen gemacht. Beim Erwachen waren die ersten Gedanken natürlich bei dir und verströmten durch die süßen, sanften, hingebungsvollen Gefühle der Liebe ein feuriges Gefühl des Geborgenseins. Ich sah dich im Geiste, dein Antlitz stand vor mir und zerstrahlte mit Blitzen der Liebe all meine düsteren Gedanken.

Aber neugierig wie ich bin rief ich sie zurück, die düsteren Gedanken und schaute der Fratze des Albtraums in die Hohlwangigkeit. Was wollte sie von mir, welche Bedeutung liegt in einem Albtraum? War es ein Anflug von Zweifel, Verzagtheit, Misstrauen, unbewusst in die Seele geschlichen oder von Dämonen der Hölle gesandt, mich in Versuchung zu führen? Und die Kraft des Traumes sucht mich mit Macht und Schrecken davor zu bewahren? Ja, so muss es gewesen sein, sie warnt mich, eine Sklavin der Dämonen zu werden, der Dämonen des Zweifels und schwarzer Gedanken, der Unwesen des Unglaubens und Nachlässigkeiten, all diese düsteren Dinge, von denen man immer wieder heimgesucht wird.

Sita, also muss ich meiner Traumkraft danken, mir mit einem Albtraum die Konsequenzen aufzuzeigen und wahrlich, ich danke ihr, denn eine Sklavin der Dämonen möchte ich wirklich nicht werden.

Dunkler Worte hohler Klang
ziehen sie in ihren Bann,
mit dunkler Taten starrer Zwang
ihr Weg zur Finsternis begann.

Sie gibt sich hin, der Stachel sticht,
sie empfängt den dumpfen Hohn,
die Seele glüht und dann zerbricht:
der Dämonen spröder Lohn.

Doch sklavisch folgt sie diesem Ruf,
und immer tiefer dringt hinein,
was aus dunklen Mächten schuf:
des Stachels giftzersetzte Pein.

Sie folgt blind, sie sinkt hinab,
ihr Blut erstarrt und kalt und bleich
verschlingt sie das Dämonengrab:
stößt sie in das Höllenreich.

Verblendet glaubt sie sich im Glück,
und beugt sich dem Dämonenzorn,
gebrochen versengt sich ihr Geschick,
die Seele schrumpft dabei zum Dorn.

So lebt sie leblos diesen Bund,
umgeben von Dämonenbrut,
und still entweicht aus ihrem Mund
der Seele abgestorb'ner Mut.

Traumbesuch

Guten Morgen, meine wunderbare Sklavin,
meine Herzensbraut de Liebe, der Lust,
der Zügellosigkeit
beim Pflügen unsrer dunklen Gärten.

Die Sonne begrüßt diesen Wochenanfang
mit ihrer flimmernden Wärme,
die Sonne meines Herzens
sendet ihre Strahlen der Lust voller Leidenschaft und
Begierden zu ihrer Sita,
umschmeichelt ihr sanftes Wesen,
umglüht ihre schmachtende Seele,
umkeucht ihre glänzende Blüte,
umfließt ihre erregten Knospen,
umsüßt kribbelnd ihre blühenden Lippen
und weht vibrierend
um ihre seidig verlangende Haut...

Und du hörst deine Herrin
vor heißer Erregung stöhnen,
ihren Atem mit kehligen Lauten
dein Blut bewegen,
deinen Puls beschleunigen,
deine Gefühle berauschen,-
und du spürst,
wie sie sich in dich stürzt
und keuchend von dir Besitz nimmt
und dir zuraunt:
du gehörst mir, meine Sklavin,
absolut mir,
so wie es die Sphärenmelodie herüber weht:

Erwacht,- und doch, vom Traum ein letzter Hauch,
ein scharfes Fühlen deiner heißen Blitze,
zuckend, gleißend tief im Bauch,
du warst bei mir mit feuchter Hitze,-
noch spür' ich es, dieses Berühren,
dein traumhaft schönes mich verführen,
das Brennen schwelt mir noch im Schoß,
der Morgen lässt dich noch nicht los.

Aah, Sklavin, du bist wahrlich mir gesegnet,
dein Blütenfluss hat mich beregnet,
mein Körper bot sich dir als Au,
auf dem dein Strahl so silbrig flitternd,
so leidenschaftlich lustvoll zitternd,
hernieder ging wie Morgentau.

Wie sehr spür' ich dein Lava-Fluten,
deine heiße Liebe mich ergluten,
die Wollust mir den Atem nahm,
als wild sich uns're Brüste kosen,
schmeichelnd lüstern wie rote Rosen,
bis japsend mein Orgasmus kam.

Du gabst dich mir, wie jede Nacht,
mit Blut und Herz mir zugetrieben,
flammend in Lüsternheit entfacht,
spüren wir uns stürmisch lieben,-
und lassen uns in uns versinken,
keuchend von uns'ren Lüsten trinken,
geben uns der Liebe hin,
empfangen berauschend ihren Sinn...

Liebessinfonie

Guten Morgen, meine Sklavin,
meine Wildkatze, meine feurige Sita.

Wieder einmal erwachte ich an diesem Morgen
noch immer erregt von der gestrigen Begegnung
und natürlich einer Traumbegegnung mit dir.
Und noch immer berauscht von der der Liebe
und der Glut, die deine Berührung erzeugte, be-
glückt und wie schwebend in der Extase
deiner leidenschaftlichen Hingabe,
erfüllt vom Duft deines sanften Wesens,
das sich mir mit prickelnder Demut
unterworfen hat.

Ja, ich wiege mich in deinem Sein wie Cupido
in der Sänfte blühender Glückseligkeit,
spüre mich verzaubert
in deinen wispernden Küssen,
die meine Lippen entflammen, mein Blut peitschen
und meine Blüte öffnen,
bin entzückt über die Melodie deines Herzens,
das gegen meinen Busen schlägt
und deinen Körper an meine heiße Haut schmiegt,
mich betört, erregt, erglüht, bewegt
und meine Quellen pochend
und pulsierend emporschnellen lässt,
dass ich überflutet werde
vom Lustsaft unserer Liebessinfonien.

Du bist das Antlitz meiner Lust,
meiner Seele süßes Bangen,
berauscht an deiner heißen Brust
hast du mein Herz gefangen.

Wir berühren uns so sehnsuchtsvoll,
spüren keuchend uns're Quellen,
und leidenschaftlich webt Apoll
aus uns'ren Liebeswellen

die Melodie der tiefen Glut,
die Sinfonie blühender Freuden,
die feurig lodernd unser Blut
in Liebesstürme weiden.

Und bebend nimmst du meine Hand,
führst sie sanft an deine Blüte,
ich dringe in dein feuchtes Land,
wo ich dir mit Lust gebiete:

komm und spiel mir deine Melodien,
lass mich der Wollust Brandung hören,
dein Körper wird zu Sinfonien,
die meine Sinne so betören.

So glühen voll Begeisterung,
und zucken wild im Liebesklang,
und spüren die Verzauberung,
wie sie keuchend in uns drang.

Gepeitschte Liebe

Guten Morgen, zauberhafte Sita,
die ich mir vorstelle wie eine süße Wildkatze
mit Samtpfoten in meinem Schoß,
nach der ich glühen könnte
wie in einem Sternenmeer der Sehnsucht,
wie in einer Feenwolke zitternden Begehrens...

Ja, Sita, nur allzu gerne würde ich
deine Wollust und Lüsternheit
mit der Peitsche entflammen und wahrlich,
ich täte es so sanft und zärtlich
ohne deine Haut zu verletzen,
und du in einem Bad exaltierender Lustschmerzen die glüh-
ende Leidenschaft
deiner eigenen Seele erfahren würdest.

Oh Sita, diese wildkatzengleiche Zuwendung einer für dich
überbordenden Liebe,
die dich einhüllt
in dein lustvolles Stöhnen und Wimmern,
in dein aufbäumendes Entladen
deiner entflammten Liebessäfte,
die dein Herz in die Glut einer Ewigkeit taucht, um in der
tiefsten Zuneigung
die Erfüllung einer Seelenhochzeit zu spüren...

Oh ja, man könnte dich so sehr lieben,
so sehr, dass die Liebe Schmerz und Lust
in berauschende Hingabe wandelt,-
und wenn es so wäre,
würde ich eine Melodie komponieren,
die die es besingt:

Ich liebe dich, Sita, wenn ich dich fessel,
dich küsse und meine Küsse peitschen dich,
und sind auch deine Augen voller Tränen,
du bist entzückt, bist tiefstes Glück für mich.

Ich pack' dich hart, zerr' deine Haare,
zwinge dich zum Feuerlauf,
der Schmerz wird lustvoll in dich fahren,
ja, mein Schlag weckt deine Seele auf.

Die Peitschenhiebe zischen nieder,
du kennst es doch, dein wahres Glück,-
erst brennt es leicht, dann flammt es wieder:
du stöhnst und schreist und keuchst entzückt:

Schlag mich fester, lass mich spüren,
wie mein Körper bebt und zuckt,
ich will mehr Schläge, will mehr Schmerzen,
die meine Seele lüstern schluckt.

Auf den Schenkeln, auf Po und Rücken,
jeder Schlag tut lustvoll weh,
dann trifft das Leder deine Blüte,
dein Schrei erstickt im Tränen-See.

Ich schließe dich meine Arme,
küsse erregt die Schmerzen fort,
in dir entsteht erglüht in Flammen
ein neuentdeckter Liebeshort.

Du spürst ihn in der Seelen-Tiefe,
mit deiner Herrin dort vereint,
verwebt im Zauber heißer Triebe:
die Saat der Liebe in uns keimt.

Ich schlage weiter, treffe wieder,
die Zeit verschwindet im Gefühl,
und durch das Schimmern deiner Augen
spürst du voll Glück dein wahres Ziel.

Es ist vorbei, du lässt dich sinken,
ich fang' dich auf, liebkose dich,
befreit, entspannt zu meinen Füßen
hauchst du mir zu: Herrin, nimm mich!

Sehnsucht

Guten Morgen, meine geliebte Sita,
du quellender See meiner Seele,
der mich silberhell umspült
und in Wellen der Lust badet,
du glühender Stern meines Herzens,
der mich heiß erregend durchstrahlt
und mein Blut in einen Luststurm wandelt.

Oh du mein innigst geliebtes Mädchen,
meine Sklavin,
die sich mir in Demut gibt
und ihre blühende Schönheit
an meinen Körper schmiegt,
der Herrin
mit ihrem ganzen Wesen
zu dienen
und ihr mit sprühender Wollust
die Sehnsucht erfüllen.

Meine Sita,
stürze dich in deine Herrin,
oh ja, komm
und stürze dich in ihr Glück....

Ich spüre dich, ich will dich küssen,
ich liebe dich so ungestüm,
wielang' noch muss ich dich vermissen,
soll ohne dich die Rose blüh'n?

Muss ich denn mit Wollust-Grausen
allein in meiner Blüte stehn?
Und mein Herz im Liebesbrausen
vor Sehnsucht nach dir untergehn?
Ja, Fluten meiner Sehnsuchtswellen
strömen zu dir aus tiefsten Quellen...

Sita, du mein süßes Wesen,
schau, ich rufe dich zu mir,
wie wollen dich all wieder haben,
mit deiner Lust, all deiner Gier,-
und schicken dir der Venus Gaben,
blick auf und siehe himmelwärts,
wie auf leisen Katzenpfoten
schleichen sie dir tief ins Herz,
um mit deiner Lust zu spielen,
dich entflammt verliebt zu fühlen.

Du gehörst in unsre Welten,
wir wollen deine Seelenglut,
ja, als deine Lüste quellten,
da peitschten sie durch unser Blut,
mit all den süßen Leidenschaften,
die stürmisch lüstern, heiß und feucht,
berauscht nach uns'rer Wollust rafften,
wie haben wir sie doch erkeucht,
und sind dann völlig liebestrunken
uns ewig in den Schoß gesunken.

Aufgewacht

Guten Morgen, Sita.
Als deine Herrin heute Morgen aufwachte,
da flimmerte es vor ihren Augen
und ihr Schoß war feucht und erregt,
ihr Herz pochte heftig
und in der Luft lag ein leises Keuchen der Lust,
die Haut spürte prickelnd die Nachbeben
süßester Hingabe
und im Blut rauschte immer noch
die Leidenschaft
einer bewegten Traumnacht mit dir.

Oh, Sita, ja,
heute morgen beim Aufwachen,
da spürte ich dich so innig in mir,
liebkoste dich mit feuchten Lippen
und zitternden Händen,
umschlang dich
mit meiner wahnsinnigen Lustfreude
und stöhnte dir in heißer Zuneigung
meine Traumerinnerung zu:

Dich, meine Sita, sehen und spüren,
dich in der Tiefe meiner Träume berühren,
und am Morgen erwacht
als seist du da,
du bist so herrlich spürbar fürwahr,
du, ooooh duuuuuuu, meine geliebte Sita.

Deine Augen, dein Blick,
eine Berührung voll Glück,
ein tosendes Feuer im wallenden Blut,
mein Herz für dich entflammt in höchster Glut,
so ist dieser Morgen, ach jeder Tag,
ich liebe dich, Cedi,
wie innig ich dich doch mag.

Mir zittern die Hände, mir pocht das Herz,
und all' meine Gefühle ziehen himmelwärts.
Völlig ungewarnt,
aah, mit Leichtigkeit getarnt
spüre ich glühend deinen lieben Kuss,
und küsse dich auch, Sita,
mit brennender Lust.

Ich kann mich wahrlich nicht wehren,
spür' nur noch mein wildes Begehren,
dich zu spüren, so innig zu spüren,
dich verführen, dich voller Lust berühren,
aaaaah, ein irres Gefühl wie neu geboren,
komm, meine Sita,
geliebte Sklavin,
wir haben uns ineinander verloren,
wir sind wahrlich füreinander geboren ...

Unsere Sonne

Guten Morgen,
Wildkatze meines Herzens,
Schmusefee meiner Seele,
deine Herrin wünscht ihrer geliebten Sklavin
an diesem Sonntag einen schönen
und glücklichen Start in die neue Woche.

Die Gedanken deiner Herrin
sind wie die Hintergrundmusik des Weltalls,
immer vorhanden, immer wispernd
und sehnsuchtsvoll klingend,
für viele unhörbar,
für offene Blüten der Liebe
jedoch stets vernehmbar.

Und meine Blüten sind offen, Sita,
sie entfalten sich zu dir
wie zu einer demanten brillanten Sonne,
sie erzittern in der Hitze nach deiner Berührung
und spüren in der Tiefe ihres Kelches,
wie der Nektar entsteht und sich vermehrt,
steigt und den Rand überfließt,
um glitzernd in der Sonne ihrer Liebe
auf das flammende Herz der Geliebten zu tropfen.

Aaah, Sita, und wie sie sich dir zuwenden und ausbrei-
ten, die Blüte des Herzens
wild pochend deine Liebe zu empfangen,
die Blüte der Seele mit sanfter Dominanz
deine Unterwerfung anzunehmen,
die Blüte des dunklen Gartens

mit leidenschaftlichen Puls
deine Wollust ins Unermessliche zu steigern,
um selbst in den Reigen der Bacchantinnen
die Glut lüsterner Erfüllung zu finden,
jaaa, und die Blüte des Blutes
im Rausch ihrer Extase mit dir
deine feurige Gier nach orgiastischen Höhepunkten
im Tanz unserer verschlungenen Körper hochzupeit-
schen.

Und so hat deine Herrin, Geliebte und Seelenbraut un-
ermesslich liebevoll,
aber auch lüstern an dich gedacht
und dieses An-dich-denken
in eine Poesie geschrieben,
eine Wortmelodie
voller Sehnsucht nach ihrer Sklavin Sita:

Sita, meine Freude, meine Wonne,
mich tief in deinen Augen sonne,
wenn dein Blick in meinem glimmt.
Dann drängt es mich dich zu liebkosen,
dann spür' mein Blut ich heftig tosen,
spür, wie es in deine Liebe schwimmt.

Und wie aus weiten Himmelsfernen
erreicht uns sanft der Klang von Sternen,
entfacht in uns ein wildes Glück.
Und wir versinken liebestrunken
in der Liebe Feuerfunken,
wo ich deine Blüte pflück'.

Ja, wir spüren heftig schwingen,
die Wollust in uns tief eindringen,
die Leidenschaft uns wild belebt.
Mit heißen Lippen süchtig küssen,
die Zähne in die Brust gebissen,
die Finger in der Scham bewegt.

Um den Mund keuchend ein Lächeln,
spüren wie die Sünde fächeln,
voll Glut durchdringt sie unser Herz.
Wir erklär'n erhitzt in Flammen:
uns kann die Sünde nicht verdammen,
die Lust besiegt in uns den Schmerz.

Stöhnend, wimmern spür'n wir steigen,
wie ein Klang von tausend Geigen
die Brandung uns'rer Leidenschaft.
Im Quell zerspringen Wollustfunken,
und wir erreichen liebestrunken
den Gipfel unsrer Flammenkraft.

Welch ein Stöhnen, geiles Wimmern,
blütenfeucht im Nektar schimmern
uns're Körper eng vereint.
Dann sind wir still, so wohl geborgen,
erfreuen uns des neuen Morgen,
wo lächelnd uns're Sonne scheint.

Das Erwachen

Meine über alles geliebte Sita
Es war wundeschön,
es war herrlich,
prickelnd und berauschend mit dir gestern Abend, es
war ein Erlebnis voll glühender Zuneigung
und flammender Liebe,
ein Brand im Herzen
mit den lodernden Flammen der Leidenschaft.

Oh, Sita, immer wieder ist deine Herrin
von ihrer Sklavin
bis zum Äußersten fasziniert und exaltiert.
Sie vergeht vor Sehnsucht
nach ihrer geliebten Sita
und erlebt dich in schönsten
und bewegtesten Träumen,
in glutvollen Hingaben deiner Unterwerfung,
in der transzendierenden Vereinigung
einer berauschenden Seelenhochzeit.

Ja, Sita, so innig
und quellend vor Lust und Liebe
erlebt dich deine Herrin.
Und das Erwachen morgens ist
immer eine sprudelnde Quelle der Erinnerung,
ist immer ein süßes Zurücktauchen
in die feuchten Niederungen
unseres heiß erlebten Glücks,
ist ein sehnsuchtsvoll erinnerndes Erwachen:

Ich spür' in mir ein bebend Rauschen,
ein tiefes Pochen, ein stiller Schrei,
beug' mich hinab dem Ruf zu lauschen,
fühl' mich mit dir unendlich frei.

Das Meer lässt seine Wellen rollen,
die Wüste glüht im wilden Brand,
hör' den Sturm im Äther grollen,
das Herz erbebt im Glutgewand.

Ja, das Herz will mir heiß erglühen,
die Liebe ist wie ein Vulkan,
spür' aus der Tiefe sie erblühen,
und begehr' dich wie im süßen Wahn.

Und in meinen Adern zischen
die Ströme meiner Leidenschaft,
zum Leben lass uns Feuer mischen,
zum Lieben uns're Seelenkraft.

Ich will dich hoch zur Göttin heben,
zu Venus' glühendem Gesang,
flammend wollen wir erheben
den Kelch, der tief in uns're Blüte drang.

Mehr brauchen wir doch nicht zum Werden,
nur den Übergang zum glühend Glück,
zum Lebensfeuerfluss auf Erden,
du, Sita, du bist mein Geschick.

Eine Liebe aller Zeiten,
ein süßer Fluss der Ewigkeit,
lass uns uns're Flügel breiten,
und fliegen endlos durch die Zeit.

Ich liebe dich so tief und innig,
unsterblich, bis das Werk vollbracht,
das Leben mit dir ist so sinnig,
durch dich bin ich in mich erwacht.

Der Morgen

Guten Morgen, meine Herzenssklavin,
meine geliebte Sita,
meine feurige Seelenbraut.

Der Morgen erfrischt mich mit dem Glück,
das mir durch dich gedeiht,
weil wir uns lieben und spüren...

Der Morgen erquickt mich mit dem Duft,
der deiner zitternden Blüte entströmt,
und mich betört mit Jasmin und Lavendel...

Oh, der Morgen entführt mich über Berge und Wolken
in die sanften Feuchtgebiete deiner Niederungen,
und sehnsüchtig bade und aale ich mich in dich,
in deine prickelnden Quellen venusischer Säfte,-
ein Morgenbad voller Leidenschaft und heißer Lust,
die du, meine Sklavin, mir bescherst.

So klammere ich mich denn zwirbelnd an deine Brüste,
verbeiße mich züngelnd in deine Lippen
und spüre den Stolz deiner Hingabe
im Stöhnen und Keuchen deiner lüsternen Wallung.

Oh, Sita, wie herrlich sonnig ist doch dieser Morgen mit dir,
wie zart du mich die saftige Feige deiner Wollust kosten
lässt,
und immer gleißender wandert die Sonne
in den strahlenden Tag
und deine Herrin wühlt sich schmiegend
in den Schatten deiner Demut
und spürt die entflammte Glut ihrer Sklavin
auf süß brennender Haut...

Liebesketten

Guten Morgen, meine Sita,
mein Sklavenmädchen
mit den wunderschöne Sternenaugen,
du süße Braut meines Entzückens,
du herrlich blühende Rose in meinem Herz,
ich liebe dich
mit jeder Faser meines Seins
und glühe in den Flammen deiner Liebe
mit sonnengetränkter Lust und Leidenschaft-
Sita, ich binde dich an mich,
feurig glühend liebend
und mit meinen Liebesketten:

Guten Morgen, meine Schöne,
zärtlich schwingen deine Töne
aus der Tiefe meines Traums.
In die Stille des Erwachens
mit der Lust freudigen Lachens
bist du die Fülle meines Raums.

Schon so früh und voll Entzücken
flechten wir uns unsre Brücken,
spüren wir der Blüten Lust.
Du ziehst mich in die Morgensonne,
umschlingst mich geil mit Liebeswonne,
drückst dich fest an meine Brust.

Glutentbrannt mit heißen Herzen,
sternsprühend wie Wunderkerzen
knistert in uns Leidenschaft.
Ah, mit dir den Tag innig erleben,
mit Lüsternheit im Seelenbeben,
wie schön ist doch der Liebe Kraft.

Immer wieder kann ich's singen,
mit Worten aus der Wollust klingen:
du bist es, die mich so erfüllt.
Wie herrlich süß ist dies Vergnügen,
wenn wir verliebt einander schmiegen,
wenn unser Keuchen uns einhüllt.

Dann schnür' ich dich in Liebesketten,
fessel dich in meinen Betten,
mache dich mir untertan.
Und du spürst mit heißem Glühen
deine Demut voll erblühen,
gibst dich mir mit süßem Wahn.

„Herrin", sagst du mir ergeben,
„dir gehört mein ganzes Leben,
ich bin ewig dein Besitz".
Ja, ergriffen auf den Knien,
spürst du meine Kette ziehen,
und spürst: du bist bei mir geschützt.

Knospen der Lust

Guten Morgen an diesem herrlichen Samstag, mei-
ne Cedi,
Augenweide meiner Lust und Sehnsucht,
Feuertaufe
meiner züchtigen Liebe zu meiner Sklavin,
Quellfreude
meiner jauchzenden Gefühle voller Leidenschaft,
Wahnsinnsbeben meiner flutenden Höhepunkte...

Oh Sita, du unvergessliche,
mich innig bewegende,
heiß flutende Braut und Sklavin,
wie schön war das Zusammensein
gestern wieder mit dir,
dein Dienst für deine Herrin,
der leidenschaftliche Tanz
voller Anschmiegsamkeit und Hingabe,
die feurigen Berührungen unserer Sehnsucht
in der Erfüllung unserer Zärtlichkeit,

Sita, Sita, meine geliebte Sita,
wie liebe ich dich
und schwinge mich berauscht
in die leidenschaftlichen Küsse deiner Hingabe,
in die liebesreif gewordenen Brüste
deiner pochenden Glut,
in Sitas süße herrliche Knospen der Lust:

Ja, wie schön sind deine Brüste,
ich liebe sie so voll, so rund,
streichel sie mit geiler Geste,
schlecke sie mit meinem Mund.

So süß gereift zu Gold-Orangen,
füllen sanft sie meine Hand,
spitz und fest schwellen die Knospen,
und keuchend wölbst du sie gespannt.

Sie hingen lange grün und bitter,
bis meine Sonnen-Liebe kam,
da reiften sie zu voller Blüte,
zu süßer Frucht, die ich mir nahm.

Nun bin ich bei dir voller Beben,
pflück' die Liebe mir zurück,
und du spürst in deinem Leben:
mit mir kam dir das schönste Glück.

Kampf mit den Dämonen

Meine wunderbare Sklavin und Braut Cedi,
du herrlich wunderschöne Kirschblüte,
meine innigst geliebte Herzensflamme,-
aaah, dich im Spiegel meiner Seele anzusehen
ist wie ein stiller Traum in Vollmondnächten,
wie eine sanfte liebevolle Federzeichnung
in ihrer schlichten und leuchtenden Klarheit.

Aber wenn der Mond
hinter dem Horizont verschwindet
und schwarze Wolken Werwölfe
und finstere Gestalten ausspucken,
wenn die Töne des Herzens
in Finsternis zu ersticken drohen
und die Seele ihre Liebe
nicht tief und blühend einatmen kann,
dann kämpft sie
und ringt sich durch zur Sonne,
zum Licht, zur Liebe,-
und alles das, meine Sita,
meine heißherrliche Wildkatze,
bist du, ja, du bist meine Sonne,
mein Licht, meine Liebe,
du durchflutest und erfüllst mich
und verhilfst mir immer wieder
zum Sieg über meine Dämonen.
Lass mich dir den Kampf schildern,
den deine Loup ausgefochten hat,-
und komm, Sita,
gib mir dein Licht, deine Liebe ....

Entflammt die Augen, das Blut gezündet,
zuckt glühend in der alten Kraft
im Sturm des Lebens neu ergründet
die Macht der Seele Leidenschaft.

Ungebändigt, den Feind umschlingend
stürzt sie sich ins dunkle Reich,
mit den finst'ren Mächten ringend
zuckt sie wild und schlangengleich.

Brandend stürzt sie in die Tiefe,
spürt den Zorn der wilden Lust,
schmettert heulend ihre Klauen
verzehrend in die Jungfraunbrust.

Schwingt sich schmachtend, funkenspeiend
in fremder Leiber sücht'ge Wahl,
windet sich vor Ekel schreiend
in gebroch'ner Seelen Todesqual.

Krallt sich glühend an Dämonen,
durchdringt sie wild mit Lust und Zwang,
steigert mit fieberndem Begehren
der finst'ren Mächte Untergang.

Wird sie siegen? Untergehen?
ihre Wollust peitscht den Tod,
und den scharfen Todespranken
entgeht sich knapp im Morgenrot.

Keucht erschöpft im Widerstreben,
mit knapper Not hat sie's geschafft,
mit Zorn im Blut spürt sie sich beben,
der Dolch noch in der Wunde klafft.

Sie entreißt ihn ihrem Herzen,
spürt die Glut in ihrem Krieg,
unheimlich spürt sie die Gestalten
gebrochen durch den Seelen-Sieg.

Und auf den Fluten ihrer Liebe
spürt sie berauschend ihre Macht,
all die Dämonen sind vernichtet,
keucht leise seufzend: es ist vollbracht!

Dämonenbruch

Guten Morgen, Sita,
du süßer Engel meiner Leidenschaft,
die Nacht war kurz und voller Stress,
und deine Herrin
kam erst bei Sonnenaufgang zu Bett,
tauchte sofort in die nagenden Traumwelt wabernder Stress-
Schwaden
und war umgeben von den finsteren Gestalten dämonischer
Übermüdung und innerer Unruhen.

Mein geliebtes Mädchen,
manchmal spürt die Seele,
wie sie in Welten gezwungen wird,
in denen ihre Reinheit und Lichtkraft
in einen Pool morastiger Schwärze
und Boshaftigkeit, ja, in einen Sumpf
tückischer Verschlingungen
und schlammiger Besudelungen getaucht
und dem Fluch des Bösen
und Hinterhältigen geopfert werden soll.

Aber sie wehrt sich
und kämpft und spürt in der Tiefe ihrer Wurzeln die Macht
feuriger Liebe, die sie belebt und stärkt.
Ja, aus den Flammen der Liebe und Zuneigung fließen ihr die
Siege über diese Dämonen zu
und jubelnd entsteigt sie dem Sumpf,
um in den Armen des Engels,
der die Glut erhält und ihr die Flammen entlockt,
im lichtvollen Funkeln neu zu erstrahlen,-
und wahrlich, Sita,
dieser Engel meiner Liebe bist du,
meine feurige Sklavin und Braut.
Wer glaubt, mit Dämonen kann man leben,

der, wahrlich, kennt Dämonen nicht,
lässt du dich in ihre Welt verweben,
siehst du nur ihr Scheingesicht.

Du spürst nur, wie sie dich berauschen,
um dich entsteht ein Höllenparadies,
du merkst nicht, wie sie langsam tauschen
deine Freiheit gegen ihr Verlies.

Sie zeigen sich als Glücksgestalten,
zersetzen deine Seelenkraft,
du spürst es nicht, ihr schlimmes Walten,
sie brechen deine Leidenschaft.

Im Sumpf satanischer Gelüste
verbirgt ihr Kuss ein teuflisch' Gift,
gierig durchzuckt es deine Brüste,
bis sie zersetzt, zerfressen sind.

Ihr Blut wird dir gar köstlich schmecken,
du merkst nicht, dass es dich zerfrisst,
an ihren Pfründen darfst du lecken,
bis du eine der ihren bist.

Dann bist auch du Dämon geworden,
und alles ist nun viel zu spät:
im Gefolge von Dämonenhorden
folgt deiner Spur Brutalität

Die wahren Dämonen hier auf Erden,
sind Hass und Elend, Mord und Gewalt,
es gilt nur noch, im Wahn zu werden,
was schaudern aus der Hölle schallt.

Finsternis

Guten Morgen, Sita,
du unendlich süße
meine Seele belebende Geliebte,
du herrlich geile,
mich feurig stimmende Schmuseschlampe,
du mir gehorsam ergebene,
meiner Lust sich unterwerfende
leidenschaftliche Sklavin.

Sita, du meine lichtvoll funkelnde
mein Herz durchstrahlende innig geliebte Braut,
du schmachtenden an meinen Lippen liebkosende mich erre-
gende irre Zauberfee,
du, die mich immer wieder aus den Tiefen schwarzer Gedan-
ken reißt
und flüsternd und murmelnd,
raunend und wispernd
meiner Seele Kraft und Trost spendest.

Ah, Sita, du, die wie ein gleißendes Licht
meine Finsternis erhellt
und mir immer wieder den zärtlichen Weg
zurück zur Liebe weist,
deine Herrin ist so glücklich,
dich zu haben,
dich zu fesseln,
dich zu beugen
und liebesdurchglüht wieder aufzurichten,
mit dir die flammende Hochzeit
seelischer Hingabe zu feiern,
ja zu zelebrieren,
und immer wieder im süßen Rausch des Blutes
den inneren Sieg über alles Finstere davonzutragen.

Horch dem Sturme der Gewalten,
die wie dunkle Geistgestalten
in deiner eig'nen Brust erzürn'n.
Sie klagen dir ihr tiefstes Leiden,
können dem Schatten nicht entsteigen,
nicht das Licht der Welt erseh'n.

Wie ein finst'res Ungeheuer
sinkt der schwarze Nebelschleier
über deine dunkle Lust.
Und zuckend saugt dämonentrunken
der tiefste deiner Höllenfunken
durch die grell entfachte Brust.

Um dich gellt in Zornesklängen
mit geschärften Krallenfängen
die Angst mit scharfen Biss und Pein.
Wild entfesselte Dämonen
speiend dir im Herzen thronen,
schauderhaft voll Widerschein.

Doch durch der Spannung Unbehagen
suchen sie mit Schmerz zu sagen:
wir sind des Lebens dunkler Hohn,
tauch' in uns're schwarzen Nächte,
in die Welt der dunkle Mächte,
doch hüte dich vor unserem Lohn.

Kriech zurück zu deinen Quellen,
zu des Lebens Schöpfungswellen
wo du dich dem Licht geweiht.
Wo in tiefen Ursprungsfluten
die Saat erblüht zu feurig Guten,
der Seele glühend Ewigkeit.

Zauberrose

Guten Tag, meine wunderbar heiß
und innig geliebte Sklavin und Braut,
mmmh, einen glühenden Kuss dir, meine Sita.

Danke dir für deine
schönen Wünsche zur Besserung,
sie haben aus der Glut meines Herzens
auf zauberhafte Weise
liebevolle Flammen
der Besserung empor lodern lassen,
oh, Sita, mit geht es wahrhaftig besser
mit deiner Liebe zu mir.

Ich weiß meine Sita ja zauberbegeistert,
und so will ich dir meinen Zauber
auch heute wieder
mit der Magie der Worte zukommen lassen,
denn du weißt ja inzwischen,
dass zu meinem Schmuse-BDSM
die Sprache der Poesie gehört,
die direkt aus meinem Herzen zu dir fließt.

So lass uns spüren,
wie die Atmosphäre zittert
und ihr sanftes Beben verkündet,
wie tief und glühend die Leidenschaft
ihre Strahlen in unsere Herzen senkt.

Sita, wie sie sich so fantastisch,
so heiß schlingend, saugend, windend
tief ins seelische Sein
unsere Leidenschaft schmiegt,
unsere Körper in einem Rausch
inniger Hingabe vereint.

Aaah, meine kleine Sklavin,
spürst du die flutende Antwort deines Blutes,
die reißende Flut deiner Wollust
bis in die letzten Faser deines dunklen Gartens,
wo in einem Aufwallen explodierender Hingabe
die Lust bis in deine Kehle dringt
und stammelnd deine
glühende blühende sprühende Liebeslust keucht,-
deine flammende Liebe auch zu mir?

Sita, Sita,
immer wieder du sollst wissen und spüren
und es erfahren wie zuckende Blitze,
dass es bei deiner Herrin
eine endlose Flut
der Zuneigung für dich gibt,
dass sie dich in sich spürt
und mit dir einem
flammenden Walzer der Liebe tanzt
und eine Rose für dich
zum Blühen bringt,
die Zauberrose.

Wilde Rose voll Zauber und Liebe,
mit einem Lächeln blüht sie für dich,
doch leise verwandelt in dunkle Triebe
unter der Blüte der Dornen Stich.

Dann spüren wir uns die Schatten trinken,
fressen begierlich der Stürme Gewalt,
spüren uns sinnlich ins Abendblut sinken,
raffen die Wolken, der Meere Gestalt.

Um uns brausen und pfeifen die Winde,
zerfetzen die Luft mit rauschender Lust,
und in der Tiefe der Welten Abgründe
saugen wir gierig der Sterne Brust.

Und plötzlich zucken so grell die Blitze,
der Stachel der Wollust keimt und wächst,
und in der lüsternen feurigen Hitze
die Glut unserer Rose keucht und ächzt.

Voll Zauber und Nektar sprießen die Rosen,
voll sonniger Kerzen im Lichterkranz,
und unsere Blüten im wilden Liebkosen
erleben ihr Glück mit glühendem Glanz.

Lied der Liebe

Guten morgen, meine Sita,
die Nacht huschte vorüber
und tauchte ins Flüstern des Morgen,
sandte mit dem Nachtwind
die letzten Seufzer erfüllter Lust,
und ich spüre noch immer
das Zittern meiner Blüte,
so sanft liebkost
von deinen Lippen mit feurigem Kuss...

Oh, Sita, mit welcher Glut schwebtest du herbei,
deine Seele mir meiner verschmust zu vereinen,
mit welchem Zauber durchwühltest du
mein lüsternes Blut,
dass feurig die wildesten Träume aufschäumen,-

Ja, ich sehne mich nach dir,
du süße Lustschlampe,
du wonnige Sklavin meiner Begierde,
meiner peitschenden Lust,
du Mädchen der Sterne,
wir zittert der Wind,
wenn du sprühend vor Liebe in meine Arme sinkst
und ich dich tief erfüllt in meinem Herzen berge.

Dann rauscht es im Äther, mein Wesen erklingt
und singt in den Morgen ihre Sita-Melodie ,
die lustvoll und flügelleicht zu dir herüber winkt:

Hat die Liebe dich ergriffen?
Sita, sag, was fragst du noch?
Deine Herrin will dich küssen,
fühlen,wie die Lust dir pocht.

Wir lieben uns im Sonnenschein,
horchen den sehnsuchtsvollen Weisen,
lassen der Liebe Feuer rein,
die Wollust zu umkreisen.

Mein süßes Mädchen, komm ganz nah,
und Herz zu Herz liebend vereint,
wird plötzlich unser Schicksal wahr,
denn Venus selbst plötzlich erscheint:

und spricht voll Lust und Leidenschaft:
Taucht in euch und spürt euch tief,
erweckte doch mit meiner Kraft,
was tief in eurem Herzen schlief.

Sternenliebe

Deine Briefe, meine Sita, sind prickelnd
und voll belebender Magie, die ins Blut dringt, blü-
tenrauschend nach Quellwasser seufzt und die
Nächte in eine lüsterne Verzauberung taucht.

So wieder geschehen letzte Nacht, als du mit leisen
Schmuseschritten ins Gemach deiner Herrin kamst
und dich öffnetest. Deine Herin war bereit und
flüsterte ihrer Sklavin die magischen Formeln der
Zauberei zu, säuselte erregt mit bebender Stimme:

„Mein Engel, mein glühendes Herzensfeuer, was
für eine Nacht wird es wieder? Sie lockt mich mit
Raunen und Wispern, mit Murmeln und Flüstern,
mit Schmusen und Turteln, sie umschlingt mich
mit deiner Entführung in die Täler rauschender
Lust.

Sita, meine umschmeichelnde Sklavin umstreift
mich mit zarten Händen, zieht mich in den heißen
Sand an den Ufern eines brandenden Meeres voll
süßester Schaumküsse, umspült mich mit Liebko-
sungen so zart und sanft voller Wollust und Erre-
gung, dass deine Herrin nicht anders kann, als in
die Wogen der Lust zu tauchen und keuchend de
Gelüste ihrer Sklavin anzunehmen.

Sita, Sita, wie sinnlich innig ist deine Hingabe,
dass sie mir die Nacht in eine Melodie der Lust
verwandelt, in der selbst der härteste Stein zur Lie-
be verschmilzt, in der sich Berge zu uns neigen
und samtene, dunkeldurstige Täler ihren Liebestep-
pich ausbreiten, in der Tiere der Wildnis unsere
Haut streicheln und beschnurren und den Blüten-
duft unserer Liebe tief einsaugen, aah, Sita, in der
unsere heißen aphrodisischen Säfte durch den Puls
unserer Leidenschaft rauschen und kühnen Küssen
lüstern voraus eilen.

Ja, Sita, es war eine Nacht der Sternenliebe,
der Inbrunst einer Seelenhochzeit,
eine Nacht voll inniger Hingabe
und paradiesischer Wildkatzenlust.

Letzte Nacht, als alles schlief,
und der Wind mit ungewissen
Seufzern durch die Felder lief,
gab mir Ruhe nicht das Kissen,
denn ein Gedanke in mir tief
rief mir Sita her zum küssen.

Erregt, erfreut schlug mir der Schlaf
aus dem Sinn, ich lief zum Strande,
mondhell war's und mild,- ich traf
Sita sehnsuchtsvoll auf heißem Sande,
die sich in meine Arme warf,
erregt und lüstern ohne Schande.

Stunden? Tage? gar noch mehr?
Ewigkeiten? – endlos lange?
Ich spürt' in mir brünstig Begehr
nach Sitas leidenschaftlich' Drange,
lieb' dich einfach, gib dich her,
dass glühend ich dein Herz mir fange.

Wir lieben uns gierig und wild,
wir peitschen uns mit Liebesflammen,
und in mir glüht ein feurig Bild,
als würd'n wir aus der Hölle stammen,
mit dir sich meine Wollust füllt,
soll'n uns die andern doch verdammen.

Dann war's vollbracht, der Morgen bebt,
ein Stern der Liebe sendet Grüße,
dein Garten pocht und braust und lebt,
und füllt den Mund so voller Süße,
und wenn dein Blick zum Himmel strebt,
so küsst du dort der Herrin Füße.

Ja, tief in deiner Seele orte,
wie die Herrin dich berührt,
öffnet dir die himmlisch' Pforte,
wo sie dich in Ketten schnürt,
und dich sanft im glühend Worte
zum Abgrund deiner Wollust führt.

Muschi-Surfer

Guten Morgen, meine Sklavin und Braut,
meine heißgeliebte Sita, gestern wurde es spät
und früh musste deine Herrin heute morgen wieder raus.

Die ersten Gedanken der Morgenröte
wisperten die feuchten Nachtträume mit ihrer Sita,
der sanfte Wind der Frühe säuselte sanft
die prickelnde Berührung der süßen Seelennähe
ihrer Braut und Sklavin,
und mein Sinnen und flüsterndes Ahnen ging zu dir,
mein Mädchen, meine leidenschaftliche Lustschlampe,
und trank von deinen Blüten
den herrlichen Cocktail der Wollust.

Oh ja, deine Herrin und Geliebte weilte letzte Nacht
noch bis zum Einschlafen in ihren Gedanken
und stöhnenden Träumen bei ihrer Sita.
Und spät, zu später Stunde,
als sie sich den Cocktail mixte,
diesen mundigen Muschi-Surfer,
frisch aus deinem Kelch fließend,
da kamen ihr die sehnsuchtssüßen Worte
wie warme Regentropfen von Himmel zu.
Bei diesem Gefühl wurde der Slip deiner Herrin
immer enger, ihr erregter Busen glitzerte vom Schweiß,
ihre Hand schlüpfte unter den schwarzen Spitzenstoff
ihres Höschens und massierte den Hort der Venus,
besann sich dann und nahm die Feder der Muse zur Hand.

Sie schrieb und spürte das Prickeln
im Liebeszentrum ihrer Sklavin
und eine Welle der Lust ließ ihren Körper erbeben.
Und mit wogenden Glücksgefühlen mixte sie
mit tauglitzernden Wortblüten

den Cocktail der Wollust aus der nassen Leidenschaft
ihrer Sklavin, den herrlichen Muschi-Surfer:

Mit lüsterner Berührung komme ich über dich,
Sita, meine Sklavin,
tauche in den Kelch
die flatternde Zunge,
schlürfe die süße feuchte Frucht der Wollust,
sauge die Säfte aus deiner quellenden Hingabe
und mische sie zu einem Cocktail taumelnder Extase...

Und du bist schweißnass,
keuchend und voller Sturm,
bis mein Blut ihn aufnahm,
den feurig-berauschenden Muschi-Surfer,
die flammende Lust deiner Liebe.

Dann liegst entrückt und erschöpft.
Und spürst meine Küsse auf deiner fast schmerzenden Haut,
spürst die schwitzenden Tropfen meiner Lust.

Leise Worte stöhnen sich lockend in dein Sein,
und flehen um tiefe Erfüllung,
um strahlendes Glück in der Glut des Herzen...

Und noch einmal umschließt deine Herrin deine Lippen
mit flammend entfachter Gier,
und keucht die süßeste Wonne in deine ganzes Wesen.

Sita, meine Seele gräbt sich tief in dein Herz,
denn nie möchte ich aufhören
dich zu lieben und zu schmerzen,,
auf dass ich bei dir bin,
ewig liebend zeitlos bei dir!

Mädchen des Schmerzes

Guten Morgen, meine liebe Sita,
mein wunderbares Mädchen,
einen süßen vor Freude bebenden Dank
für deine frischen Worte heute Morgen.

Es ist so herrlich, so schön, mit dir zusammen zu sein,
es ist so feurig erregend,
dich als meine Sklavin zu haben,
deine leidenschaftliche Demut und Hingabe
in einem solchen Feuer der Liebe zu erleben,
ah, Sita, du machst mich glücklich,
jaaaaaaaaa, du machst deine Herrin so irre glücklich,
du bist wahrlich mein süßes Mädchen des Lustschmerzes,
mein dunkler Engel der Leidenschaft.

Sita, Sklavin, die meine Eingeweide
in ein Flammenmeer der Lust versenkt,
Sita, glühendes Wesen meiner lüsternen Seele...

Deine Herrin spürt ihren Tempel
im Meer ihrer nassen Lust,
weil sie dich in sich hat
wie einen dunklen Engel voll lüsterner Gier:

Loup entfacht in dir den dunklen Engel,
fesselt deinen Körper in scharfen Strick,
schreitet hochhackig in Lederstiefel,
und setzt dir den Absatz ins Genick.

Aaaaaaaaaaaaah, setzt dir den Absatz ins Genick,
ja, fickt deine glühenden Lippen mit ihrem Schuh
und entflammt ihre Macht in der erniedrigten Sklavin
und wahrhaftig, Sita:

Mit Collar und Cuffs um Hals und Glieder,
schaust du zur Herrin verklärt, entzückt,
die Taille geschnürt trägst du deinen Mieder,
bebend, zitternd, gebeugt und gebückt.

„Ich will dich" schreit meine Seele in glühender Lust
und taucht in dich durch die Pforte der Gier,
durch den feuchtheißen Kanal,
im Puls deines Wahnsinns,
der sich stöhnend ergibt
und fauchend tönt sie ihre Melodie
voller Inbrunst in dein Sklavenherz:

Sag mir: „Dieses Mädchen, Herrin,
will nur noch Euer Spielzeug sein",
und forschst in der Tiefe dein dunkles Begehren
umschlossen vom flüssigen Feuerschein.

Von der Glut in die Wollust getaucht
zerbricht in dir jeglicher Widerstand,
berstet die Flut durch Körper und Blut
und peitscht dich in die Ektasen himmlischer Lust,
die Lust der Ketten, des Schmerzes,
der schmachtenden Blüte nach ihrem Glück:

In Halsband, Handschellen, gespreizt auf dem Rack,
verschlingt dich der Schmerz mit lustvollen Stöhnen,
gepeinigt den Körper, erniedrigt der Geist,
spürst du deine Herrin dich glühend verwöhnen.

... und fällst immer tiefer, tief in ihr Reich,
ins Reich der flammende Macht
deiner liebenden Herrin,
spürst mit jeder Faser deinen Wunsch,
dich zu geben,
dich in das Netz der glühenden Leidenschaft hineinzuwe-
ben:,

In meiner Hand die neunschwänzige Peitsche ,
zischt sie auf dich mit feuriger Gier,
du willst und wirst es inbrünstig ertragen,
denn deine Macht über dich gabst du mir.

So kniee denn nieder, wirf dich zum Staub,
spreize die Beine und ergebe dich,
empfange die Wahrheit der Herrin,
sie dringt in dich, tief in dein Fleisch,
tiefer noch in die Seele,
und tief in dein Leid,
denn alles Leid will Ewigkeit,
will tiefe tiefe Ewigkeit...

Und im süßen Duft von Sex und Angst,
erstickt dein Schreien, Weinen und Wimmern,
in der Glut deiner Hingabe du zitterst und bangst
und spürst Lust in deinem Herzen schimmern.

... doch tiefer noch will die Liebe dich,
die irre Glut deiner Herrin Loup,
die sich wie ein Schatten über dich schwingt,
dich emporhebt zum Reich lüsterner Sonne,
deren Strahlen deinen Körper entrücken,
deine Seele mit Orgasmen der Leidenschaft entzücken,
deren Sinfonie in deine Seelenglut dringt
und mit süßester Stimme ihr Siegeslied singt:

Mit jedem Hieb werden Dämonen geschlachtet,
deine salzigen Tränen geleckt von Loup,
dein Herz schlägt schneller, überflutet von Liebe,
dieses Mädchen des Schmerzes, Sita, bist du.

Rosenlippen

Guten Morgen,
meine wundervolle Sita,
ich danke dir
mit der Glut meines Herzens
für dir süßen Wonnen
und prickelnden Freuden,
die du mir bereitest,
für die tiefe leidenschaftliche Zuneigung,
die du deiner Herrin
zu jeder Zeit zukommen lässt.

Ich bin berührt
vom tiefen Glück deiner Hingabe,
erregt von der feucht-zärtlichen Berührung
deiner Rosenlippen,
die mich beim Erwachen beglücken,
mich in den Tag leiten
und meine Nacht zu einem Paradies
zitternder Lüsternheit machen.

Ah, Sita, wie ich sie liebe, unsere Rosenlippen.

Du schaust mich an, ich spür' die Wonne,
in dir glüht die Morgensonne,
dein Mund so frisch und streichelzart
sich zum Kuss mit meinem paart,
so füllt sich schon die Morgenstunde
mir süß verliebter Herzensrunde.

So tanzen wir schmusend und wiegend,
die Körper schmeichelnd an uns biegend,
Kaffee kocht und voller Duft
umschimmert uns lüstern die Luft,
und tief vereint, hauteng umschlungen
sind wir von der Nacht durchdrungen.

In ihr mit Glut und blütentrunken
waren wir berauscht versunken,
gaben uns mit Lust und Gier
der Blüten keuchend heiße Zier,
spürten stöhnend dieses Glühen
in des Nektars heftig Sprühen.

Ich liebe dich, schon beim Erwachen
spür ich der Seele Freudenlachen,
hör' meines Blutes Melodie,
spür' deine sanfte Harmonie,
spüre uns mit Lust durchdringen,
zärtlich unsre Sehnsucht klingen.

Und langsam sinkt auf uns das Raunen
des neuen Tages Schicksalsstaunen,
er beginnt mit Leidenschaft,
mit uns'rer Liebe flammend Kraft,
ja, uns umschlingt der Venus Bund
schon von der ersten Morgenstund'.

So sind wir fest und treu verbunden,
lassen uns das Frühstück munden,
schauen uns voll Liebe an,
wie schön doch dieser Tag begann,-
in deinen Augen Sternenfunken
machen mich vor Sehnsucht trunken.

Schau mich an, ich spür' die Wonne,
wie herrlich glüht die Morgensonne,
wie zärtlich doch der Tag anbricht,
und wispernd, flüsternd, raunend spricht:
du wirst nun jeden Morgen wissen,
wie Rosenlippen sonnig küssen.

Die Lippen deiner Herrin blitzen,
wild verzaubert dich besitzen,
die Lüste strömen in den Tag,
komm, meine Sita, küss und sag:
immer will ich euch gehören,
täglich nur noch euch begehren.

Und deine Herrin flüstert leise,
so sei es denn, verliebt und weise
gibst du dich mir völlig hin,
ich bin nun deines Lebens Sinn,
bin in deinem tiefsten Herzen
Herrin deiner Lust und Schmerzen.

Märchenfee

Guten Morgen, meine herrlich wunderbare Sita,
meine geliebte Braut und Sklavin,
meine Märchenfee und meine 1001 Zauberverführungen,
ich bestürme und bewildere dich
mit den Entzückungen meiner Lust nach dir,
ich brause um dich wie ein Orkan,
wie ein peitschendes Meer
und gische meine Leidenschaft in die Blüten deiner Seele...

Aah, Sita,
ich flüstere dir meine Liebesschauer ins Herz
und lasse sie durch die Sonne meiner Wollüste
zu funkelnden Brillanten der Liebe werden.
Ich erwecke deine Quellen
mit den Lippen meiner Zärtlichkeit,
mit den Zungen meiner glühenden Zuneigung,
mit Blicken voller Sanftmut aus gespiegelter Gier...

Sita, mein Rufen durchdringt die Wüsten deiner Poren
und füllt deine Haut mit küssenden Striemen der Lust,
glüht in deine Eingeweide mit gleißender Brunst
und schlingt dich in meine Seele
mit der irren Liebe meiner süßesten Extase...
Jaaaaaaaaaaaaa, Sita,
ich will dich im Strudel der Ewigkeiten
für jedes Tor der Augenblicke
mit dir....
nur mit dir....
herrlich mit dir...
deine Herrin,
deine Braut,
deine flammende Liebe,
deine Herrin.

Traumbilder

Guten Morgen, meine herrliche, meine süße, meine innig geliebte, irre begehrte Sita.

Die Traumnacht deiner Herrin war voller Rosen, Rosen
mit deinem Lächeln,
mit deiner süßen sich hingebenden Demut,
mit blutroten Blüten
so seidig anschmiegsam wie Sitas Haut,
mit vor Honig glänzendem Kelch
wie in Sitas duftender Blüte
ihres dunklen Gartens,
ein wahrer Rosentraum,
den deine Herrin
letzte Nacht in deinen Armen erleben durfte.

Und so wird dir deine Herrin
beim nächsten Treffen
ein Rosenbeet purer Lust bereiten,
in dem sich die Sklavin
voller Lüsternheit wälzen darf,
in dem deine Herrin
die Rosenblüten in blutrote Flammen
der Leidenschaft verwandelt,
die wie Feuer im Blut durch uns rauschen.

Und zärtlich wird dir deine Herrin
dann mit dem Übermut der Liebe
das sanfte Rauschen der Blütenblätter zuflüstern, geschmolzen aus ihrem Herzen
in der Glut ihrer Gefühle für ihre Sita:

Auf einem Felsen
sitzt meine Sita
mit schönen Augen,
so blau wie Veilchen,
die wie Teiche
mit Lotosblüten
vertraulich blicken,
und verträumt,
doch immer so leuchtend
wie die Sonne scheint.

An einem Bache,
der friedlich fließt,
steht meine Sita
mit dunklen Haaren,
wehend im Winde,
mit zartem Glanz,
und durch die Strähnen
küsse ich zärtlich
mit glühenden Lippen
den herrlichen Mund.

Hoch auf dem Berge
winkt meine Sita
mit feinen Händen,
so zierlich und zart,
und wie Schneeflocken,
behende lockend:
eilt aus den Wäldern,
und tief aus den Lüften,

zu ihren Füßen,
die Liebe herbei.

An einem Baume
singt meine Sita
verliebt und träumend
der Sehnsucht Melodie.
Und ich lausche
verzückt und feurig,
trunken vor Freude,
mit bebenden Herzen
der süßen Stimme:
vergiss mich nie!

In meinen Armen
liegt meine Sita,
schmiegt sich berauschend,
dem Herzschlag lauschend,
zärtlich und zitternd
vor Lust und Begehren,
mit fiebernden Brüste
und blühenden Funken,
erfüllt im Schoße
von zuckender Lust.

Und fragst du mich:
„Wie kann das zugehen?“
Ich sage dir, meine Sklavin,
ich hab' dich im Traum gesehen.“

Liebesfantasie

Komm, meine Sita,
komm mit ins Land der Fantasie,
feiern wir dort unser prächtiges Fest,
tanzen wir zu unserer schönsten Melodie,
umschlungen und kuschelig wie in unserem Nest...

Umgeben von sanfter Leidenschaft,
umschleiert von lieblichen Rosenflor,
umwebt von erotischer Liebeskraft
umschmust uns der Lüste rauschender Chor.

Und flüsternd und lispelnd,
lachend und wispelnd,
in knisternden Roben,
geschmückt mit Zirkonen,
sind wir beide zwei lüsterne Mädchen,
sind wir ein innig verbundenes Pärchen
und wiegen die Körper im Ballata,
im Walzer, Tango und Cha-Cha-Cha,
beim Klang der Oboe d'Amore,
der Laute, Harfe und Xylophone,
und stille in bebender Harmonie
träumen wir beide zur Liebesmelodie.

„Sita", träumt der Kelch der Orchidee,
das Haupt erhebt die keusche Vesta,
„Meine Liebste", singt Calypte Helenae,
still naht die Stunde der Siesta....

„Ah, meine Sklavin", spürst du, ich liebe dich,
reiche dir trunken vor Glück die blutrote Hyazin-
the,
schmiege dich glühend vor Wollust an mich,
spüren in der Göttin der Liebe die gleich Gesinnte.

Der Wind umflüstert uns mit lieblichen Worten,
in der Ferne erwacht rollend die See,
unsere Körper erbeben in glutvollen Stürmen,
und blühend berührt uns die göttliche Fee.

Und tänzelnd und trabend
zieht hin gegen Abend
unter glutrotem Himmel
ein prächtiger Schimmel,
trägt uns beide
in die Tiefe der Lust.
Wir schmelzen in Liebe
und fühlen im Triebe
die Hitze der Tänze,
die glorreichen Kränze
im schmelzenden Kuss.

So bleib nun, meine Sita,
bleib mit mir im Land der Fantasie,-
geht auch die Nacht zu Ende,
verstummt sanft wiegend die süße Melodie
wir, oh, wir beide halten uns ewig die Hände...

Haus im Mondlicht

Guten Morgen,
Sklavenprinzessin meines Herzens,
meine geliebte Sita,
Dienerin meiner Sehnsucht,
Ergründerin meiner Lust,
Dürstende der Tiefen meiner Seele,
Lechzende meiner geilen Inbrunst,
Heißhungrige meiner flammenden Glut,
komm,
berausche dich blütenpochend an meinen Lippen
und tauche keuchend lüstern
in den süßen Tausch unserer Küsse.

Sita, Sita,
meine Sternenmelodie
umwebt dich mit berauschender Wollust,
umspielt dich
mit den Klängen zärtlicher Berührung,
zittert durch deine Gedanken
mit heißen Wünschen
und treibt dich in den Schoß deiner Herrin,
ergeben ihre Lust
mit den Flammen deiner Hingabe zu entfachen
und die Glut heiliger Extase zu empfangen.
Ja, Sita, mein Mädchen der Lust und Liebe,
deine Herrin erwartet dich
in ihren Haus aus Mondlicht gebaut:

Ich hab' ein Haus aus Mondlicht gebaut,
da bist du lüstern eingedrungen,
doch voll Wonne hab ich zugeschaut,
hab dich mit süßem Spinnweb fein umschlungen.

Hab' zitternd deinen Zauber gespürt,
aus Myrrhen, Lorbeer, Sonnenrosen,
hab zärtlich dich zur Liebe verführt,
ließ meine Blüte dich liebkosen.

Ja, feurig zuckte die Lust ins Blut,
laute Brunnen schwätzten lüstern,
aus tiefster Wollust keuchte die Glut
und sank heiß in des Herzens erregtes Flüstern.

Das Haus aus Mondlicht leise stöhnt,
und Vögel zwitschern und pfeifen,
wir haben uns so innig verwöhnt,
und spürten die Liebe reifen.

Im Garten der Sehnsucht, am Ufer der Lust,
da haben wir uns den Eid geschworen,
und spüren nun glühend mit bebender Brust:
wir wurden mit Leidenschaft wiedergeboren.

Sklavin mit dem Sonnenblick

Guten Morgen, meine wundervolle Sita,
mein geliebter Engel und Sonnenschein,
meine zauberhafte Sklavin.
Wieder hast du mich so bewegt,
so heftig innerlich erregt,
dass die Gefühle der Zuneigung
ihren Weg in leidenschaftliche Worte nahmen,
zu Zauberblumen der Poesie für dich wurden, zu
einem Rausch vor Lust zitternder Gefühle.

Die Nacht entließ mich aus ihrem Traum,
doch deine Augen leuchteten
noch im Morgensonnenschein
und tief tief versank ich in ihnen
und flüsterte dir zu:
meine geliebte Sklavin mit dem Sonnenblick....

Sklavin mit dem Sonnenblick,
meiner Seele feurig Glück,
meines Herzens wilde Liebe,
vor deiner Göttin knie nieder.

Fällst du in geile Lüsternheit
vor ihrem Antlitz glühend scharf,
und sie nimmt dich mit Leidenschaft
in ihr feuchtes Paradies,
dann spürst du keuchend ihre Kraft,
die dich ihr unterwerfen lies.

Dich peitscht die Göttin, Herrin der Glut,
mit einem Hauch Unsterblichkeit,
sie packt dich hart und zwingt dich nieder,
taucht dich in wilde Liebesflut,
vor ihr bist du entblößt, bist nackt,
und ewig kehrst du zu ihr wieder.

Berauscht von in ihrer geilen Macht,
erfüllt die Göttin deine Gier,
erregt von deinen süßen Schmerzen,
umschlingt sie keuchend dich mit Lust
entfacht feurig glühend deine Brust,
kettet dich mit heißem Herzen.

Dein Leben, spüre, gehört ihr,
du bist entzückt, für sie verklärt,
du bist Sklavin voller Wonne,
und zu ihren Füßen spürst du still,
was deine Herrin von dir will:
du bist für sie der Seele Sonne.

Ja, Sklavin mit dem Sonnenblick,
Mädchen der Gier, mein süßes Glück,
spür' deine Lust, spür' deine Triebe,
du lebst im Feuer meiner Liebe.

Lilie und Rose

Guten Morgen, mein geliebtes Sonnenmädchen,
sei mir gegrüßt,
meine feurig leidenschaftliche Liebe...
meine innig begehrte, mir gehörende Sita.

Der Schlaf trug dich wie ein reißendes Wasser fort,
doch dein Lächelnd blieb mir
und erwärmte mein Herz.

Auch wenn ich später ins Gefälle der Nacht sank,
so lag ich noch lange wach
und liebkoste dich im Gewand meiner Sehnsucht,
tastete mich an deiner schwindenden Schulter
hinein ins Reich der Mohnblüten,
die dich mit Rot und Blüten umwebten
und mich mit dem Duft deiner Lust schmeichelten,-
ja, ich wachte neben dir in den Welten der Dunkelheit
und spürte die lichte Gestalt
der Lotusgöttin uns beschützen.

Sita, Mädchen meiner Seelenwelten,
süße Braut meiner Ewigkeiten,
geliebte Sklavin meiner Vergänglichkeit,
erhebe dich zu deiner Herrin,
komm in ihre Arme,
an ihre Lippen,
zu ihrem Schoße
und flüstere erregt
und hingebungsvoll
deinen Blüten-Eid:

Sanfter Worte süßer Klang
ziehen mich in deinem Bann,
hingebungsvollvoll die Seele stöhnt,
von deiner Liebe feucht verwöhnt.

Sita, oh, du mein Rubin,
mein Diamant, so kristallin,
mein Sonnenschein, mein tiefes Glück,
Rose der Liebe, die ich pflück'.

Erblühst ganz heiß, öffnest dich,
entzückst in wilder Lust für mich,
flüsterst keuchend deine Gier,
und ich spüre tief in dir:

Du bist mein, mit wilder Glut
fließt sehnsuchtsvoll durch unser Blut
die Melodie der Leidenschaft
mit ihrer heißen Zauberkraft.

Ich schau dich an, in deinem Blick
spür ich selig mein Geschick:
du dringst in meine Blüte ein,
wirst immer meine Sklavin sein.

Gefesselt an mich spürst du die Lust
entflammt in deiner heißen Brust,
ich küsse dich, du kommst, du fließt,
dein Nekar sich in mich ergießt.

Und aus dem Fluss der heißen Flut
erblühen aus der Liebe Glut
die Lilie weiß, die Rose rot,
sind wir vereint bis in den Tod?

Schatten-Rosen

lass mich an deinen Lippen blühen,
gib mir den Zauber deines Kuss',
ich hör' das Wachsen junger Gräser,
meine Füße baden in deinem Fluss.

Lausche mit mir dem Sternen-Atem,
dein Schoß so sanft wie Palmenhain,
die Luft erzittert im Flügelschlagen,
meine Lust dringt wonnig in dich ein.

Da horcht der Himmel mit großen Ohren,
selbst der Mohn keucht schwer und stöhnt,
die Sehnsucht treibt im dunklen Garten
und wird mit Leidenschaft so wild verwöhnt.

Nun stehen wir bei Zitronenbäumen,
deine Brüste ertasten meine Hand,
du kommst zu mir mit Blumen-Zungen,
ich schling' um dich das Sklavenband.

Ah, wie spüren wir uns da erbeben,
um uns sinkt die dunkle Nacht,
Schatten-Rosen beginnen zu weben,
du ergibst dich selig meiner Macht.

Traum-Tore

Guten Morgen, Sita,
meine geliebte Sklavin
und Braut meiner unsterblichen Seele,
einen herrlichen Tag voller Sonnentau
wünscht dir deine Herrin.

Es ist etwas Wundervolles,
dieses Erwachen
mit dem Flüstern
deiner Liebe im Herzen,
mit der leisen Melodie
deiner lustvollen Hingabe,
die sich immer wieder
durch die Nächte webt,
um die Traumtore zu durchschreiten
bis in die Paradiesgebiete
meiner Seele,
bis in die Niederungen
meiner lustvollen Feuchtigkeit,
bis in die Sturmböen
meiner heißen Leidenschaft.

Oh Sita,
wie wundervoll sind solche Erlebnisse
in den Tiefen
meiner Gefühle,
in den süß stöhnenden Gärten
meiner Wollust,

in den keuchenden Quellen
meines Körpers,
und alles geschieht
in vollendeter Gewissheit
unserer tiefen innigen Zuneigung,
und die Nächte
werden zu blühenden Gärten,
mit zitternden Blumen der Hingabe,
mit berauschenden Liebkosungen
der Licht- und Schatten-Welten.

Ich murmel schmusend
und küssend
an dich geschmiegt
die zärtliche Lust
meiner Lippen
auf deine Haut,-
lasse dich spüren,
wie flammend innig
und voller göttlicher Zaubermagie
unsere Liebe ist.

Lustrausch

Guten Morgen, Sita,
Sklavin und Braut meiner Welten,
Engel und Wildkatze meiner Leidenschaft,
ich habe dich in meinem Herzen
und spüre dich voller Entzückung,
aaaaaaaaaaaaaaaah,
sooo heiß, soooo feurig
durch deine irre Hingabe....

Ich zerfließe in dir, Sita,
du berührst deine Herrin
so intensiv
als würdest du deine Zunge
durch ihre Poren lüstern lassen,
als würdest du deine Finger
mit der Süße deiner Quelle aufladen
und mich cremen,
als würdest du deine Lippen
entzückt in meine Blüte drücken,
als würdest du deine Zähne
um meine Nippel schmeicheln...

Ooh, Sita,
du gehörst wahrhaftig nur mir....

132

Sita, meine Süße und meine Liebe,
wie heiß erregst du meine Triebe,
wie leidenschaftlich meine Lust.

Komm und knie vor mir nieder,
ich begehr' dich immer wieder,
du glühst und flammst in meiner Brust.

Ja, niemals soll es je beenden
kein Schicksal soll es jemals wenden,
wir bleiben uns'rer Wollust treu!

Drum lass uns immer wieder spüren,
wie wir beide uns berühren,
fühlen wir uns vögelfrei.

So schmusen wir dem Glück entgegen,
stürmen berauscht und wild verwegen
mit tausend Flammen tief im Blut.

Bis im tiefsten Blütenrauschen
die Sterne uns're Lust belauschen,
in den Fluten uns'rer Glut.

Deine Augen

Guten Morgen,
Rose meiner Sehnsucht,
Lotusblüte meiner Leidenschaft,
Sonnenkelch meiner Liebe,
guten Morgen, Sita,
du zärtlichste Botin meiner süßen Lüste.

Wie begehre ich dich,
wie wandert meiner ruhelose Seele
durch die Nebel flüsternder Magie,
dich zu finden,
dich zu berühren,
dich mit Zärtlichkeit an mich zu schmiegen,
dich mit zitternder Lust zu durchdringen,
dir entflammt in die Lippen zu keuchen,
dir berauscht dein Blut zu entzünden,
dir den Leib in einen Vulkan verwandeln,
dich mit die Glut der Abendröte zu verwöhnen,
aah, Sita, Mädchen meiner Zauberblüte,
Sklavin meines wilden Begehrens,
Braut meiner ungestillten Seele,
du bist das Sternenlicht meiner peitschenden Lust,
der Sonnenstrahl meiner zuckenden Lüsternheit,
die Tiefe meiner nach dir lechzenden Ewigkeit,
komm, Sita,
strahle, oh, strahle durch mich
mit der Glut deines Herzens,
denn ich liebe dich,
liebe dich
blütenreif und knospenlüstern
schaue ich in deine Augen,
sehe sie überall....

Blüten-Zauber, Biene schweben,
der Morgen summt im Sonnenlicht,
durch Aurore rauscht das Leben,
ein Lächelt huscht durch dein Gesicht.

Du schaust entzückt mit Honig-Augen,
dringst in mein Herz mit süßem Blick,
ja, ich spüre schon so früh am Morgen:
du bist für mich das Seelen-Glück.

Wir wandern durch des Tages Reife,
in jedem Feld bist du versteckt,
und wirfst die Anemonen deiner Augen
durch's Gras, das meine Füße leckt.

Bald spüren wir uns liebestrunken,
Schmetterlinge flattern zärtlich,
doch selbst auf ihren Flügeln schauen
deine Augen tief in mich.

So flieht der Tag in sanfte Stille,
doch tausendäugig spür' ich nun
deine süßen Sternen-Augen,
die in meiner Seele ruh'n.

Ich will dir wahrlich nicht entrinnen,
deine Augen schauen mich an,
all überall mit Zauber-Liebe
steh' ich in deinem süßen Bann.

Deine Bestimmung

Hallo, meine herrliche geliebte Sita,
meine Sonnenmädchen
voller Strahlen der Liebe,
der Schönheit, Demut und Hingabe,
deine Herrin wünscht dir
einen wundervollen Tag
und dankt dir für deine
sonnig-wonnig-innig-herrliche Liebe.

Du erhellst Gedanken,
Sonnenmädchen,
und deine Herrin
hat sie in die Poesie
ihre feurigen Zuneigung
zu dir gegossen:

Schau mich an:
ich lieb dich innig wie besessen,
liebe dich voll Herzensglut,
kann dich wahrlich nie vergessen,
du bist das Feuer mir im Blut.

Hör mir zu:
nur mir wirst du dich völlig geben,
fühlen, denken, nur für mich,
durch all dein Stöhnen, all dein Beben,
erspürst du heiß dein wahres Ich!

Du weißt es:
Du wirst gehorchen, wirst dich beugen,
dienst mir ergeben, stets bereit,
wirst dich mir nur noch offen zeigen,
dein Weg zu mir ist nie zu weit.

Du spürst es:
Zur Sklavin werd' ich dich erziehen,
vergiss, was einmal früher war,
dein neues Leben wird erblühen,
dein neues Ziel ist dir nun klar.

Du lebst es:
In den Fesseln meiner Liebe
führ' ich dich mit Leidenschaft
zu den Tiefen deiner Siege:
zu deiner Seele wahre Kraft.

Seelenhochzeit

Guten Morgen, meine Sita,
meine kuschelige Sklavin und Braut,
die Wolken wurden vertrieben,
die Sonne ins Firmament gehoben,
die Erde erwärmt
und meine Seele
durch deine feurige Zuneigung beflügelt,
die ihr Lied
ihrer leidenschaftlichen Lust
auf dich zu singen:

Mein Herz ruht in deiner Liebe
wie auf einem Kissen aus süßem Jasmin,
um uns wispern andächtig die Elfen,
und dunkle Gedanken entflieh'n.

So harren wir fest einander verschlungen,
spüren berauscht den lüsternen Quell,
und in uns beginnt ein bebendes Glühen,
wir küssen uns flüchtig, zu schnell...

Und beginnen uns zitternd zu streicheln,
so wie der Mond die Wipfel der Bäume küsst,
und aus den Tiefen ein lustvolles Stöhnen,
weil so wild du an meiner Blüte bist.

Meine Sehnsucht bezwingt voll Gier deinen Körper,
und deine Seele taucht wollüstig in mich,
und wie die Brandung am Ufer steilster Klippen
spürt meine Seele voll Liebe nun dich.

Welt in uns

Guten Morgen, meine liebe Sita,
schon zu früher Morgenstunde
an diesem beginnenden Wochenende
höre ich dein Flüstern,
dein atemscheues Lauschen,
erträume ich
deiner wunderschöner Augen Glutgefunkel.

Oh, Sita, Slavin meiner Lust und Wonne,
mein Herz zerschmilzt im süßen Kosen
und erschauert unter Wollusttränen,
erzittert unter deiner heißer Glut
deiner feurigen Hingabe,
deiner Küsse voller Lust-Schauer,
und meine Seele stürmt in den Tag
umschlungen mit dir
und dem sonnigem Nektar der Liebe,
erfüllt mit der Sehnsucht heißer Lust
und blühender Rosen im Garten der Wolken,
leise wiegend in der Melodie
einer Hochzeit mit allem was ist,
mit der Welt voller Liebesschauer in uns:

So blütenzart wie roter Mohn
deine Lippen zu mir schweben,
sich lustvoll zitternd und gewagt
mit Leidenschaft auf meine legen.

Wie ein Schrei aus schwarzem Zimt
nehm' ich erregt den Kuss entgegen,
berühre dich mit sanfter Hand,
lass' meine Gier von dir bewegen.

Voll Lust mein Körper fiebrig pocht,
du bist für mich Sehnsucht geworden,
und um uns der Wind mit Süße faucht,
hält uns in seinem Schoß geborgen.

So lieb' ich dich ganz ungestüm,
die Linde will uns Tränen schenken,
und jeder Strauch um uns herum
will stöhnend uns mit Wollust lenken.

Wir sinken nieder Arm in Arm,
spüren uns entflammt verschlungen,
die ganze Welt in uns vereint,
ist tief in unser Herz gedrungen.

Vor uns verneigt sich still das Korn,
selbst der Sand spürt uns erblühen,
und pochend strömt der Liebessaft,
will unser Glück so wild erglühen.

Oh, soviel Lust, viel Leidenschaft,
die Meereswellen rauschen wilder,
und aus den Himmeln feurig blitzt
schaudern vor Lust der Liebe Bilder.

Unterm Sklavenkleid

Guten Morgen,
meine liebste Sita,
wie schön, dass es dich gibt.

Du meine zärtliche Seelenbraut,
du süße Sklavin meiner Gelüste,
immer wieder erblicke ich dich
um mich herum in allem Sein,
in dem satten Grün der Sommerpracht,
im funkelnden Silber meines Sees,
im blutroten Mohn meiner Liebe zu dir,
im schmeichelndem Wind der zitternden Lüfte,
ja selbst im glitzernden Tropfen rauschenden Regens.
Und aus deinen Augen lacht mir die Freude,
auf deinen Lippen blüht die Lust,
und unterm deinem Sklavenkleide
spür ich die Sehnsucht deiner Brust,
ja, deine Herrin spürt dich beben,
denn unter deinen Locken tief
schlägt dein Herz nach einem Leben,
in das dich meine Liebe rief.

Lass mich die Spur sein,
der du folgst,
dein Pfad zur süßen Liebe,
komm mit Zärtlichkeit zu mir,-
ins Schattenreich,
ins Reich der Zauber-Triebe.

Ich bin die Knospe
deiner Lust,
bereit für dich entzückt zu blühen,
ich gieße meinen Sonnenstrahl
in deinen Kelch,
lass deinen Nektar heiß erglühen.

In feuchter Tiefe,
aus deinem Tal
strömt dein Duft voller Begierden,
ich wühl' in dir,
keuchend erregt,
will mich in dich lustvoll verlieren.

Gib mir die Hand,
berühre mich,
lass deine Finger feurig gleiten,
sie stoßen durch,
ich liebe dich,
stöhnend lass' ich sie mich reiten.

Die Bäume um uns,
seidenhändig,
neigen sich und woll'n uns küssen,
der Wind so lüstern,
schmeichlerisch,
hat uns mit wilder Gier gebissen.

So wälzen wir uns
voller Glut
in einem Sturm lüsterner Wellen,
bis wir erfüllt,
zuckend gekommen,
uns der Glut der Liebe stellen.

Das Fauchen des Todes

Guten Morgen, meine liebe Sita,
ich hoffe, du hast gut geschlafen
und bist heute voller Glück und Fröhlichkeit.

Gestern zeigte sich deine Wildkatzenkratzbürstigkeit, nun ja,
wir müssen damit umgehen, ja!

Von den Träumen der letzten Nacht haftete einer besonders
im Gedächtnis und rüttelte schon zu früher verschlafener
Morgenstunde an meine Seele voll düsterer Ahnung. Wo nur
kam sie her, diese Unruhe, dieses dunkle Gefühl eines Ab-
grundes, der die Seele erzittern ließ und ihr eine drohende,
verschlungene, ja saugende, ins Unheimliche ziehende
Macht spüren ließ?

Ich wehrte mich gegen den Sog, doch versank tiefer und tie-
fer in eine Atmosphäre, die sich wie klebender Nebel über
mein Gemüt bewegte, meine Gedanken zu lähmen versuch-
ten und seufzend flüsternd die schwere Luft erzittern ließ.

Ah, Sita, wo war ich nur? Was zog mich dort hin? Welche
Macht streckte ihre schaudernd haftenden klebrigen Spinn-
weben nach mir aus und brachte meinen Atem fast zum Still-
stand? Was wollte mich in die Abgründe der Furcht stürzen,
mich die Schlünde einer angstvollen Qual ziehen?

Ich wehrte mich, Sita, deine Herrin dachte an all die Liebe,
die sie erfuhr, an all das Glück, das in ihr rauschte, an all die
Freuden, die blütenduftend ihr Sein belebten, aah, an all die
Glücksmomente, die ihre Seele festigten und wie einst Or-
pheus in der Unterwelt ergriff sie die Lyra ihres Herzens und
bezwang die satanische Gewalt mit der Melodie der Befrei-
ung, entlarvte das Fauchen des Todes:

Finster durch die dunkle Welt

des Todes Fauchen schaurig gellt,
die Angst nagt in den Seelen.
Sie schwelgten einst im fahlen Licht,
den Abscheu aufs Leben im Gesicht,
ließen Tod und Hass befehlen.

Sie streiften gierig durch ihr Sein,
Schmutz und Hohn war ihr Gebein,
des Teufels Lust war ihr Befinden.
Und wer in ihre Hände fiel,
verdammten sie zum Spottgefühl,
ließen ihr Opfer lüstern schinden.

Nun zucken sie in ihrem Wahn
qualvoll auf Satans Höllenbahn
in die Glut ihrer Verdammnis.
Und der Tod mit scharfem Hohn
gab höhnisch sie dem Schwefelssohn,
der schallend in ihr Leiden biss.

Oh, ihr habt euch selbst verbannt,
des Lebens Freude schrill verkannt,
nur Gewalt und Hass verbreitet.
Die Schönheit ward euch untertan,
doch euer Dienst galt nur Satan,
der euch gepeitscht zur Hölle reitet.

Der Rubin

Guten Morgen, meine geliebte Sita,
heute morgen erwachte deine Herrin
und entließ die Klänge der Nacht
aus den Tälern ihrer zitternden Seele:

Das Tal erbebt,
die Gräser dorren,
denn ihm gibt man die Schuld
an dem Sturm der Nacht...
und so stöhnt es
zu den erstarrten Rosen
seine tiefe Sehnsucht
nach der Wahrheit:

Einst blühte eine Rose, doch schwarz erblüht,
hat sie ständig klagend sich selber verglüht,
und aus ihrem Kelch floss dunkel ihr süßes Blut,
und erstarrte im Funkeln zur gleißenden Glut.

Durchstrahlt von der Sonne flimmernde Macht
zerbrach ihr Leben an der Kälte der Nacht,
sie wurde so spröde, wurde hart wie Stahl,
und schön wie ein Rubin, jedoch aus tiefster Qual.

Sie wollte die Liebe und erkannte sie nicht,
an ihren eigenen Dornen sie ständig zerbricht,
ihr Kelch gebar Tränen und nässte ihr Kleid,
sie schrie vor Kummer und tat sich so leid.

Du bist doch Rose voll Schönheit und Kraft,
so glaub' doch daran, was Vertrauen schafft,
zerbrich, meine Rose, zerbrich den Rubin,
und wird' wieder Blüte, so sonnig und kühn!

Flammende Lippen

So lieblich bist du, eine Blüte,
aus der der Duft der Wonne steigt,
ein zartes Weben deines Schattens,
das sich in meinem Herz verzweigt.

Du bist ein Hauch so sanft geflüstert,
der sich um meinen Körper legt,
ein kühles Streicheln, zartes Wispern,
das meine Seele tief bewegt.

Du kommst zu mir verhüllt in Schleiern,
zitternd entfern' ich dein Gewand,
und deine Haut gesalbt mit Ölen
schmiegt zärtlich sich an meine Hand.

Schaudernd vor Lust fühl' ich dein Brennen,
aus deinen Poren zuckt die Glut,
als hättest du Lippen aus Flammen
peitscht dein Küssen mir durch's Blut.

Ich spüre deinen Atem stürmen,
er beißt sich wild in meinen Mund,
wir sinken in die Lust der Täler,
ertrinken in der Fluten Grund.

Du lässt mich deine Liebe pflücken,
ich wühl' in dir mir heißer Lust,
lass' auch dich in Wollust baden,
bis du erglüht entflammen musst.

So trink' ich keuchend dein Erglühen,
wir geben uns vollkommen her,
wir spüren uns berauscht erblühen,
und wollen lüstern immer mehr.